KB167146

야웨와 바알

차례
Contents

대립이냐 타협이냐

  특정한 종교나 문화가 새로운 문화권으로 유입될 때면 언제나 선점(先占)해 있는 문화나 종교와 충돌을 하게 된다. 그런데 이 충돌에서 생존하기 위해서는 대립(conflict)보다는 타협(compromise)하는 길을 찾는 것이 훨씬 더 현명한 일이다. 그러나 그와 반대로 대립을 하게 되면 200년 전 가톨릭이 한국 사회에 들어올 때에 겪었던 것과 같은 심각한 피해를 받게 된다. 이와 같은 경우는 기독교 선교사(宣教師)들이 전세계에서 겪었고 또 겪고 있는 갈등들이다. 그런데 기독교 복음의 본질을 바꿀 수 있는 타협이나 토착화(indigenize)는 비록 불가능하다고 하더라도 비본질적인 문제에 대한 타협과 토착화를 거부한다는 것은 그다지 적절한 방법이 아니라고 본다. 이러한 토착화는 매우 오랜 기간 동안에 자연스럽게 이루어지는 것이 일반적인 경향이어서 조급하게 그리고 부자연스럽게 이루어진다면 부작용을 낳을 수밖에 없을 것이다. 한국 개신교회가 초기 가톨릭의 실패 과정을 타산지석(他山之石)으로 삼아서 적절한 선교 방법과 시간적인 계획을 통해서 비교적 심각한 박해를 받지 않았던 것과 같은 맥락이라고 본다.

이스라엘(Israel)은 고대 지중해 연안에 자리 잡은 매우 작은 도시국가로서 이스라엘 주변에는 이미 수천 년 전부터 발달된 문명과 종교를 가진 강대국들이 많이 있었다. 그리고 정확한 기원을 알 수는 없지만 농경 사회의 주신(主神)인 바알(Baal : master, lord)이 있었으며, 이 바알 숭배를 위한 정형화(定形化)된 제의(祭儀)들이 존재했었다. 농경 사회의 종교가 다 그러하듯이 자연을 지배하고 풍년을 주는 것이 그 신의 몫이었다. 그러므로 바알은 풍요로움과 번성(蕃盛)을 약속하는 제신(祭神)으로서 다른 종교의 유무에 상관없이 가장 중요한 신으로 추앙되고 있었다. 또한 이스라엘이 민족을 형성하고(기원전 19세기경) 살아가던 때는 이미 수천 년 동안 바알 숭배가 자리 잡고 있었다. 그러므로 이스라엘이 국가를 형성하고 그 국가적인 종교로 야웨이즘(Yahwism)을 정했지만, 바알을 숭배하던 근동 국가들에 의해서 무의식 중에 영향을 받은 이스라엘은 바알 숭배를 계속해서 할 수밖에 없었다. 야웨이즘의 많은 예언자들이 바알 숭배를 근절시키려는 노력을 수없이 했지만 결국 바알 숭배를 근절시키지 못한 이유가 바로 여기에 있다. 즉, 고대인들에게 바알 숭배는 종교적인 의식으로서가 아닌 일상생활의 한 부분으로 받아들여졌던 것이다. 야웨이즘의 예언자들이 매우 적대적인 입장에서 바알 종교를 비판했지만 이스라엘의 대다수 사람들은 주변 국가들이 그러했던 것처럼 바알은 문화의 한 단면일 뿐이라는 의식을 가졌던 것이다. 그래서 바알 숭배의식은 다른 이교도들의 의식을 근절시키는 것보다 훨씬 긴 시간이 필요했다.

바알은 가나안의 풍요(fertility)와 기후(weather)의 신으로서 그 제의가 전 지중해와 연안을 통해서 넓게 퍼져 있었다. 그러므로 가나안의 영향권 안에서 살고 있던 이스라엘이 야웨 종교를 신봉하는 유일신 집단이었음에도 불구하고 바알 숭배를 오랫동안 계속해 올 수밖에 없었음을 이미 밝힌 바 있다. 이스라엘이 가나안으로 이주를 해왔는지 혹은 로렌스(Laurence)의 말대로 가나안 집단 속에 있던 야웨주의 종파였는지 간에 가나안의 자연신인 바알의 영향을 받을 수밖에 없었을 것이다. 여기서 필자가 이야기하고자 하는 것은 이스라엘의 야웨 종교와 가나안의 바알 종교와의 연관성(relationship)에 관한 문제이다.

바알에 대한 일반적인 지식과 함께 바알 신앙이 가나안 안에 있었는지, 그 후에 이스라엘이 야웨이즘을 형성하는 과정에서 가나안의 종교로부터 어떤 영향을 받았는지에 관심을 기울여야 한다. 또한 이스라엘이 가나안의 종교인 바알로부터 영향을 받을 수밖에 없었던 문화적인 요인과 그 결과 야웨이즘이 얼마나 심각한 타격을 입었으며 그 영향이 왜 오랫동안 지속될 수밖에 없었는가를 살피고 우리의 삶에 적용을 하고 싶다. 오천 년 문화와 역사·종교를 가진 우리나라에서 기독교가 또 다른 고립된 집단(isolated group)으로 남을 것인가? 아니면 문화 위에 서서, 문화와 더불어 살아가면서 오히려 문화를 이끌고 가는 동질화된 집단으로 남을 것인가에 대한 궁극적인 질문을 하려고 한다.

바알에 대한 성서의 입장

바알에 대한 성서의 입장은 한마디로 그것을 우상 숭배의 상징적인 존재로 본다는 것이다. 그것은 아마 바알이 야웨를 유일신으로 섬기는 이스라엘 역사 가운데 가장 치명적이면서도 가장 오랫동안 존재했던 신(우상)이었기 때문으로 보인다. 바알 숭배는 기원전 15세기부터 시작해서 기원전 6세기 남왕국 유다의 멸망에 이르기까지 약 1,000년의 역사 동안 야웨 신앙에 엄청난 타격을 주었기 때문에 성서 기자들의 입장은 매우 적대적일 수밖에 없었다. 왜 이토록 바알 숭배가 오랫동안 지속될 수밖에 없었는가에 대해서는 다음에서 이야기하기로 하고 바알 숭배에 대한 성서적 입장이 어떠한지에 대하여 살펴보면 다음과 같다.

1) 이스라엘 백성이 숭배하므로 하나님께서는 그 때마다 징계하였다. (「사사기」 2 : 11-15, 10 : 6-8)

2) 엘리야는 바알의 제사장들을 갈멜 산에서 전멸시켰고 (「열왕기상」 18 : 40, 「로마서」 11 : 4)

3) 예후 왕은 바알의 목상을 불사르고 바알 신전을 변소로 만들었다. (「열왕기하」 10 : 18-27)

4) 요시야 왕이 바알의 단을 헐어버렸고 (「열왕기하」 23 : 4-6)

5) 예레미야 때에는 유대인들이 옥상에까지 바알의 단을 쌓고 분향할 때 여호와께서 격노하사 바빌론 왕에게 불붙이겠다고 예언하였다. (「예레미야」 32 : 28-29)

6) 아합 왕이 엣바알의 딸 이세벨을 아내로 맞으면서 바알이 이스라엘 종교계에 큰 혼란을 일으키다가 엘리야를 통한 여호와 신과의 대결이 있었다. (「열왕기상」 16-18장)

7) 여호수아가 죽은 후에 이스라엘 백성이 바알을 섬기다가 여호와의 진노를 받아 원수의 압제 하에 8년간 고생하다가 옷니엘을 보내 구원하게 하셨다. (「사사기」 2 : 11-15, 3 : 8-11)

8) 사사 기드온은 바알의 단을 부숴버리고 백성들로부터 여룹바알(바알과 싸운 사람)이란 별명을 얻었다. (「사사기」 6 : 25-32)

9) 이스라엘 왕 예후는 바알 예언자 대회를 소집하여 신당에 들여보낸 후 80인의 군사를 시켜 모조리 죽이게

하고 바알 신당을 변소로 만들었다. (「열왕기하」 10 :
18-27)

10) 유대 왕 므낫세 때에는 바알의 단을 성전 안에까지
쌓고 숭배하였다. (「열왕기하」 21 : 4)

11) 요시아 왕은 그것을 전부 헐어버렸다. (「열왕기하」 23
: 4-6)

이상에서 볼 수 있는 것은 바알에 대한 구약성서의 입장은
매우 단호하면서도 적대적이라는 것이다. 바알은 숭배의 대상
이 아니라 박멸의 대상이었다. 예언자들은 바알 숭배를 근절
하기 위해 노력했고 바알 숭배를 잘 근절하는 예언자나 왕은
성서 기자에 의해서 긍정적인 평가를 받았고 그렇지 못한 예
언자나 왕은 "~의 길을 따라갔다"라는 식의 부정적인 평가를
받았다. 그래서 예언자들은 항상 바알 숭배에 대해서 부정적
인 입장을 취했을 뿐 아니라, 실제적으로도 바알의 신전을 헐
고 그 형상(形象)을 파괴하는 등의 구체적인 행위를 하기도
했다.

그러면 왜 예언자들이 이토록 강하게 바알 숭배를 반대했
는가? 단순히 우상 숭배이기 때문인가? 아니면 다른 복합적인
요소가 깔려 있는가? 여기에는 세계관에 대한 문제가 깔려 있
다고 본다. 즉, 바알을 숭배하는 가나안의 사람들은 다신론적
세계관을 가지고 있었고, 반면에 이스라엘은 유일신론을 주장
한다. 그런데 바알을 숭배하는 행위는 단순히 바알이라고 하

는 신을 섬기는 것 이전에 다신론적 신관을 가지게 하는 중요한 동기부여를 할 수 있다. 바알을 섬김으로써 가나안 사람들이 가지고 있었던 다신론적 세계관을 가지게 되고, 그 결과 다른 우상들을 받아들일 수 있는 여지 또한 많아질 수 있는 것이다. 그에 적절한 예가 바로 솔로몬의 경우이다. 솔로몬은 이집트의 공주를 아내로 받아들였지만 이미 그 전에 바알 숭배로 인한 다신론적 세계관이 형성되어 있었다. 성전의 모형은 바알의 신전이었고, 솔로몬의 궁전에도 아세라를 상징하는 사자상(像)이 있었다. 또, 그의 아내들 가운데 많은 사람들이 바알을 섬기는 나라로부터 왔을 가능성이 많이 있다. 이러한 솔로몬의 정책은 결국 우상 숭배에 대한 감각을 마비시켰고, 온 백성이 우상을 섬겼을 뿐만 아니라 물론 솔로몬 자신도 우상을 섬기게 된 것을 알 수 있다.

특정한 종교 안에는 특정한 세계관이 들어 있다. 특히 농경 사회에서 종교는 현실적인 삶의 목적을 분명하게 반영하고 있기 때문에 바알 숭배는 그 당시 사람들이 가지고 있었던 다신론적 세계관에 대한 시그널(signal)이었음을 알 수 있다. 그래서 야웨주의를 옹호하는 성서의 저자들은 바알 숭배에 대해서 극단적인 반대를 할 수밖에 ·없었을 것으로 보인다.

또한 바알 숭배에 대해서 부정적인 입장을 보일 수밖에 없었던 이유 중의 하나에는 이스라엘의 문화가 가나안의 문화에 흡수되는 것을 반대하려는 의도가 있었다고 보인다. 열등한 문화는 월등한 문화에 의해서 흡수되는 것이 일반적인 현상이다. 광야를 40년간이나 떠돌던 이스라엘은 가축을 기르거나 농사를 지을 수 없었을 뿐만 아니라 문화적으로 완전히 결집할 만한 아무런 사회현상이 없었다. 그들은 야웨의 인도를 받아서 그저 광야를 걸어왔을 뿐이다. 그러므로 그들에게는 타문화에 대적할 만한 힘이 없었다. 이 문화적 공백기에 예언자들은 야웨주의를 굳건하게 심기를 원했다. 그런데 만일 바알을 숭배하게 되면 야웨주의의 건설은 물거품이 되는 것이다. 야웨가 이스라엘의 인도자요, 이스라엘은 야웨의 백성이라는 시내산 언약에 의거해서 가나안에 건설해야만 하는 신정국가(Theocracy) 건설에 있어서 바알 숭배는 치명적인 것일 수밖에 없었다. 그래서 예언자들과 지도자들은 바알 숭배를 반대함으로써 새로운 땅에서 주어지는 야웨의 국가 건설에 박차를 가하려는 노력을 한 것이다.

이상에서 우리가 알 수 있는 것은 야웨주의자들에게 있어서 바알 숭배 반대는 단순한 우상 숭배의 차원을 넘어서 문화적 혼합을 막으려는 복합적인 목적이 있었다는 것이다. 이스라엘이 바빌론에 포로로 잡혀가 있을 때에 그들이 어떤 특정한 종교에 심취해 있었는가에 대해서는 성서가 정확한 정보를 주지 않고 있으므로 자세히 알 수는 없다. 다만 우리는 그들이 문화적으로 얼마나 깊게 동화되어 있었는지를 「에스라」「느헤미야」「역대기」를 통해서 알 수 있다. 분명히 야웨도 「여호수아」 1장에서 율법 책을 입에서 떼지 말 것과 그것을 언제나 묵상할 것을 명령하셨다(7, 8절). 이것은 가나안에 들어갔을 때

11

만날 문화적 혼동과 종교적 혼란을 미리 예방하게 하려는 성서 기자의 의도가 들어 있음을 알 수 있다.

어쩌면 우상 숭배 그 자체의 문제보다는 그것으로 인한 문화적 혼란이 더욱더 경계할 만한 일이었을 수도 있다. 그래서 성서 기자들은 언제나 바알 숭배에 대해서 부정적인 입장일 수밖에 없었다.

가나안 족속

가나안은 노아의 아들인 함(Ham)의 아들로서 가나안 족속에 대한 구약성서 최초의 언급은 「창세기」 12장 5절에서이다.

> "아브람이 그 아내 사래와 조카 롯과 하란에서 모은 모든 소유와 얻은 사람들을 이끌고 가나안 땅으로 가려고 떠나서 마침내 가나안 땅에 들어갔더라."

노아의 홍수 이후 역사는 셈(Sam)을 중심으로 기록되었고 함은 다른 지역으로 이주해서 다른 문화를 형성하고 살아가게 되었다. 그러므로 가나안과 이스라엘은 전혀 다른 민족이 아니라 한 형제라는 말이 된다. 그들이 사는 지역은 시리아(Syria)

와 요르단(Jordan) 서북 전 지역이었으며 가나안이라는 지명은 이스라엘 이전 시대의 지명이었다. 아모리(Amorite) 지역이나 가나안 지역은 같은 곳으로 여겨지며 성서에서 보고되는 가나안의 열 족속들은 가나안 지역에 사는 아모리 연합부족으로 보여진다(「창세기」 10 : 15 이하).

마리(Mari) 문서(시리아, 유프라테스 강 중류의 마리유적에서 발견된 2만 장 이상되는 점토판 문서)의 증거에 의하면 "Ammia in the land of canaan"이라는 표현이 나타나는 것으로 보아서 가나안에 대한 언급은 성서보다는 고대 근동의 다른 문서에서 먼저 발견된다. 이집트의 문서 가운데 가장 먼저 가나안에 대해서 언급한 것은 기원전 15세기 후반에 아멘호텝 왕에게 공물을 바치는 나라들을 기록한 책에서이다. 그리고 기원전 1440년경 두 차례에 걸쳐서 아시아에 원정 전쟁을 일으켰던 왕 아메노피스(Amenophis) 2세의 비문에도 가나안에 대한 언급이 나타난다. 그 비문에는 "마리아나(maryana)와 640명의 kynn.w가 있었다"라는 내용이 나오는데 마리아나는 후리족의 군대로 귀족 계급이었고, 'kynn.w'는 아카드어에서 나온 단어로서 '자줏빛 땅에 속하는 사람들'이라는 의미이다. 이 자줏빛 땅은 그리스나 페니키아에서는 염료산업을 의미할 때 주로 사용되는데 이는 아마 가나안 사람들이 염료산업에 종사해서 그것을 주 무역 물품으로 삼았다는 구약성서의 기록(「욥기」 41 : 6, 「이사야」 23 : 8, 「에스겔」 17 : 4, 「호세아」 12 : 7 등)과 일치하는 것으로 보인다. 물론 그 후에 기록되어진 것으로 여겨지는 우가릿 문서(Ugarit Epic)에서도 가나안의 바알에 대한 증거를 얻을 수 있는 매우 중대한 기록을 볼 수 있지만 그렇다고 해서 우가릿이 가나안과 일치되는 곳이라고 볼 만한 증거는 부족한 것 같다. 쉬미츠(P. G. Schmitz)는 우가릿이 가나안을 지칭하는 것이 아니라 오히려 가나안은 이집트의 한 영토일 것으로 보고 있다. 그렇게 본다면 가나안은 이집트가 시리아, 팔레스타인을 정복해서 세 지역으로 분할하여 통치했을 때, 그 가운데 한 지역인 아무루(Amurru) 지역에 속해 있던 영토일 것이다. 구약성서 「창세기」 12장 5절과 「민수기」 33장 51절에서는 가나안 땅의 지리적 위치에 대해서 요르단(Jordan)강 서편 땅일 것이라고 말한다. 가나안 사람들은 이 지역의 원주민들로서 「창세기」 10장 15-19절을 보면, 후에 가나안 자손들이 뿔뿔이 흩어졌고 그 가운데 일부가 시돈을 지나 그랄, 가사, 소돔과 고모라를 거쳐서 하솔(Hasor)에까지 이르는 넓은 영토 안에 흩어져 살게 되었다.

가나안 사람들이 시리아, 팔레스타인에 등장한 최초의 연대를 알기란 매우 어렵다. 앞에서 언급한 이집트의 기록에 나타난 몇몇 가나안의 지명과 외래어를 가지고 판단하면 기원전 3000년 즈음에 이 지역에 셈어를 사용하는 사람들이 살았을 것이라는 추측을 할 수 있다. 실제로 팔레스타인에서 가장 오래된 도시인 므깃도, 벳산, 벳여라 및 여리고 등과 시리아의 우가릿, 가발라, 아그레, 두로와 같은 이름이 가나안 식의 이름임을 감안할 때, 가나안인이 시리아와 팔레스타인에 정착한 때는 비교적 오래 전임을 알 수 있다. 그리고 적어도 시리아, 팔레스타인이 여러 개의 가나안과 아모리의 도시 국가로 분리되었던 기원전 2000년경에 가나안 사람들이 이 지역에 자리를 잡은 것만은 분명하다. 아모리인들의 침입이 잠잠해진 후 북쪽으로부터 문화의 영향을 받아 표준적인 팔레스타인 중기 청동기의 가나안 문화를 탄생시켰으며, 이 문화는 힉소스족의 침입에도 별로 피해를 입지 않고 고스란히 보전되었다.

기원전 1570년경 힉소스가 이집트에 의해서 추방된 후 이집트는 시리아, 팔레스타인 지역을 정복했으며, 그후 가나안에는 많은 소국(小國)들이 군웅할거(群雄割據)하고 있었다. 이때 힉소스가 이집트의 제18·19왕조 기간에 이 지역을 다시 지배했지만 기원전 1200년경 해양민족의 침입이 있기 전에 그 지배력을 상실하고 말았다. 이때 이미 이스라엘이 팔레스타인의 고원지대를 지배하고 있었으나 해안지역으로의 진입은 용이하지 않았다. 결국 옛 가나안 영토의 서남쪽 지역은 해양민족의 땅이 되었고, 시리아는 아랍족속의 땅이 되었으며, 가나안 사람들은 페니키아로 알려진 해안지역만 차지했다. 그리고 팔레스타인에 남아 있던 가나안 사람들은 모두 이스라엘 민족에게 흡수되고 말았다.

그들은 셈어를 사용했으며 사회구조는 다른 고대 근동의 국가들과 비슷한 형태를 가지고 있었다. 신분 역시 자유인, 피지배 계급 그리고 노예로 분류되어 있었다. 노예는 전쟁 포로와 외국인 노예 그리고 노예로 전락한 가나안 원주민들로 구성되어 있었다. 그리고 이 노예들은 국가나 신전 혹은 개인 지주에게 속해 있었다. 한편, 그들의 문화는 농경문화에 기초하고 있었다. 토지는 국가와 사원에 귀속되어 있었으며, 또 그것은 왕과 귀족들의 소유와 일반 농민의 토지로 구분되어 있었다. 비블로스(Biblos)의 리브아디(Rib Addi)에서는 나무와 식량을 사기 위해서 저들의 자녀들까지도 팔아야만 했던 비극적인 이야기에 대한 정보를 주고 있다.

또한 그들은 철저한 봉건제도를 유지하고 있었으며 봉건제 후들에게는 많은 권한이 주어진 것으로 보인다. 그들에게는 토지가 하사품으로 주어졌으며 그 대가로 왕에게 특별한 봉사를 해야만 했다. 이와 같은 특별계층의 사람들에게는 엄청난 특혜와 의무가 주어진 반면, 노예나 하층민들에게는 초라한 가옥과 혜택만이 주어졌을 뿐이다.

그리고 사회 전체를 통해서 조합이 잘 결성되어 있었는데 그 가운데 마리아누(Maryannu)라고 하는 잘 훈련된 전사(戰士) 계층은 왕을 가까이서 섬기는 친위대였으며 왕으로부터 특별한 대우를 받았다.

그들의 종교는 만신전(萬神展)을 중심으로 한 다신론이었으며 그 신들 가운데 최고의 왕은 엘(El)이었다. 그리고 엘의 후계자는 비와 바람과 폭풍의 신인 바알이었으며, 그의 아내는 아세라 혹은 아틸랏이라고 불리는 여신이었다. 그들의 신전이 시리아, 팔레스타인에서 발견되었는데 그 중에 가장 유명한

신전으로 라기스(Ragys)의 후기 청동기 신전과 기원전 3000년
경에 세워진 것으로 추정되는 므깃도와 여리고의 신전이 있는
데 이 신전들이 바알 종교의 역사성을 증명해주는 것이다. 여
기에 대한 이야기는 다음 장에서 자세하게 다룰 것이다.

이스라엘 족속

이스라엘이라는 이름은 구약성서에 나오는 아브라함의 손자인 야곱의 이름이다. 이 이름이 족장 시대를 거쳐서 왕국 시대에 들어오면서 국가적인 개념으로 사용되었다. 이스라엘의 기원을 어디에 둘 것인가에 대한 많은 논란이 있어왔는데, 존 브라이트(John Bright)는 그의 책 『이스라엘의 역사 *A History of Israel*』에서 그 역사를 다섯 시기로 나누고 있다. 그에 의하면 이스라엘은 기원전 2000년 전부터 시작된 '족장 시대' '출애굽과 가나안 정복 시대' '왕정 시대' '포로 시대와 그 이후의 시기' 그리고 마지막으로 '유대교의 형성시기'로 나누어진다.

먼저 족장 시대는 이스라엘이라는 구체적인 민족이 형성된 시기가 아니라 이스라엘의 기원이 되는 야곱과 같은 족장들의 이야기로 구성되어 있다. 아브라함, 이삭, 야곱, 요셉과 같은 족장들을 통해서 이스라엘은 민족적인 집단이 아니라 야웨 종교를 중심으로 모인 혈연집단(血緣集團)으로 구성되어 있었다. 그리고 이 족장들의 후예 가운데 요셉이 이집트로 이주하고 난 후에 비로소 집단적 개념의 이스라엘이 생기기 시작했으며, 야웨 종교는 집단적인 이스라엘의 통치 종교로 부각되기 시작했다.

두 번째 시기인 출애굽과 가나안 정복 시기는 이스라엘 민족 형성에 가장 중요한 동기부여가 되었다. 출애굽할 때 이미 히브리인(Hebrew)이라고 하는 특정한 민족으로 분류되었고, 가나안을 정복하는 과정에서도 그들은 이미 히브리인들이라고 불렸다. 이것은 이미 다른 민족에 의해서 이스라엘이 특정한 정치적인 성격을 가진 집단으로 분류되고 있었음을 증명하는 것이다.

세 번째 시기인 왕정 시대는 이미 형성되기 시작한 민족적인 개념을 더욱더 확고하게 했던 시기였다. 특히 다윗과 솔로몬으로 이어지는 시기에는 야웨이즘을 확고한 국가 통치의 철학으로 삼았으며, 이스라엘은 이미 사회적으로도 견고한 조직을 갖추었을 뿐만 아니라 종교적으로도 확고한 시기를 지나게 된다. 그러므로 야웨께 충성했던 왕들은 복을 받고 야웨께 불충했던 왕들은 매우 비극적인 최후를 맞게 된다. 야웨께 충성했던 대표적인 왕으로는 다윗, 솔로몬, 히스기야, 요시아 등을 들 수 있겠고, 그 반대로 야웨께 불충했던 왕들은 므낫세, 오므리와 같은 사람들을 들 수 있다.

네 번째 시기인 포로기와 그 이후 시대는 야웨 종교와 이스라엘 민족의 위기와 좌절의 역사이다. 야위스트들은 민족이 분단된 이유가 야웨께 충성하지 못하고 우상 숭배를 했기 때문이라고 성서 여러 곳에서 지적하고 있다. 그 결과 북왕국 이스라엘은 기원전 722년에 앗시리아에 의해서, 남왕국 유다는 기원전 586년에 바빌론에 의해서 멸망하고 말았다. 한마디로 이 시기는 이스라엘의 수난의 시기였다고 할 수 있다. 이 때에 나타났던 수많은 예언자들은 야웨와의 관계 회복이야말로 포로생활에서 벗어날 수 있는 유일한 길임을 강조했으며 이에 많은 포로기의 예언자들이 야웨의 날에 대한 소망의 메시지를 전했다. 그 후 기원전 539년 바빌론이 페르시아에 의해서 멸망당함에 따라 그들은 포로에서 풀려나 예루살렘으로 돌아오게 되었다. 이 시기에 가장 활발한 회복 운동을 벌였던 예언자들은 학개, 에스라, 스룹바벨과 같은 비교적 젊은 사람들로서 이스라엘의 회복 공동체를 지도하는 영적·사회적 지도자들이 되었다. 이 귀환 공동체는 다시 성전과 제의를 중심으로 뭉쳐졌으며 야웨께 대한 헌신과 충성을 통치 이데올로기로 정하여 국가를 재건하기에 이른다. 그러나 헬라가 페르시아를 지배하면서 이스라엘은 여전히 헬라의 통치 아래에 놓이게 되었고 예언자들의 메시지를 국수주의적으로 해석한 많은 독립운동가들이 나타나서 역사 안에서 이루어질 야웨의 날을 성취시키기 위해서 해방 전쟁을 일으킨다. 그 대표적인 인물이 마카비이다. 마카비는 셀류커스 왕조가 유대인들에 대한 박해를 감행하자 구체적인 독립운동을 계획했으며, 안티오커스 에피파네스의 성전 훼손 사건을 계기로 극단적 유다이즘 성향을 가진 유대교 지도자들이 혁명을 일으키기에 이른다. 그 결과 약간의 자유와 독립을 쟁취하기도 했으나 그 역시 내란에 의해서 죽임을 당하면서 후기 유대교의 역사는 길고 긴 암흑의 시대로 접어들게 되었다. 이것이 다섯 번째 시기의 일이었다.

이와 같이 이스라엘 민족의 역사는 약 1,500년 이상에 걸쳐서 계속되었으며 야웨와의 관계를 가장 중요한 위치에 놓고 있는 신정국가(神政國家)였음을 알 수 있다. 비평학자들 가운데 마틴 노트(M. Noth)나 알트(Alt)와 같은 사람들은 이스라엘의 의미를 민족적인 의미에서 파악하는 대신 야웨 종교를 중심으로 뭉친 정치적인 집단이라는 주장을 하기도 하지만 이스라엘이 분명한 혈연 중심의 집단임을 부인하기는 어려울 것이다.

그러나 한 가지 덧붙인다면 이러한 혈연집단을 이끌어 가는 정치적인 이데올로기가 야웨 종교였음을 부인하기도 어려울 것이다. 야웨 종교는 단순한 히브리인들의 종교를 넘어서 이스라엘의 통치자들이 그 민족을 다스리고 나갈 통치 철학으로 삼았다. 즉 야웨와의 관계형성이 국가의 흥망성쇠를 결정할 수 있는 유일한 기준이 되었던 것이다. 이것이 고대 근동의 다른 국가들이 가지고 있었던 통치 철학으로서의 종교와 차이를 보이는 점이다. 여타 다른 국가들에서는 주신(主神)을 국신(國神)으로 섬기기는 하지만 다른 신들도 존재하는 이른바 다신론(多神論) 국가였다. 바빌론에는 국신 마르둑(Marduk)이 있었고 이집트에는 태양신 라(Ra)가 있었지만, 또한 수많은 다른 신들이 있었다. 그러므로 국신(國神)은 많은 신들 가운데 하나일 뿐이었다. 그러나 이스라엘의 야웨는 유일신(唯一神)이었기 때문에 그 야웨를 중심으로 살아가는 것은 힘의 중앙집권화를 가져왔을 것이고 그 결과 국가를 통치하고 힘을 결집하는데 중요한 동기가 되었을 것이다. 그러므로 이스라엘 역사상 야웨와의 관계는 따로 떼어놓고는 설명이 불가능할 것이다. 한마디로 이스라엘의 역사는 야웨 종교의 역사라고 할 수 있다.

이스라엘과 야웨

히브리어에서 야웨는 'יהוה'라고 기록된다. 그런데 이 이름은 모세 시대에 보편적으로 알려져 있던 신인 엘에서 파생된 제의적인 이름일 것으로 보고 있다. 이렇게 본다면 고대인들이 일반적으로 지역적 개념을 가진 신들을 숭배한 것에 비하면 이스라엘은 처음부터 온 우주를 다스리는 최상의 신의 개념을 가지고 야웨를 숭배했다고 볼 수 있을 것이다. 그러므로 야웨는 그 본질적인 성격에 있어서 다른 신들과는 달랐다. 다른 신들은 거의 다 자연 종교의 신들로서 그 신들은 대부분 천체들 또는 자연력들과 동일시되었고 따라서 특별한 도덕적 성격을 가지고 있지 않았다. 그 신들의 기능이란 고작 이 땅에 사는 인간들의 생활을 좌우하는 자연의 변화를 주기적으로 주관하는 것일 뿐이었다. 그 신들은 농경 사회나 유목민 사회를 막론하고 제의를 통해서 자연을 주관하는 신으로 권위를 인정받는 정도였다. 그러나 그 신들의 행위는 매우 제한적이었으며 먼 미래까지도 주관하는 기능을 가진 적은 없었다. 바알도 마찬가지이다. 매 7년마다 찾아오는 풍년과 흉년의 사이클에서 풍년을 위해서 자연법칙을 주관하는 일만 했던 것이다.

그러나 야웨는 달랐다. 야웨는 그 어떤 자연력과도 동일시되지 않았고 하늘이나 지상에서만 활동하는 다른 신들과 같은 제한을 받지 않았다. 한 걸음 더 나아가 야웨는 자연을 지배하고 우주와 천체를 지배하는 신이었다. 비록 야웨가 풍년을 가져다주기는 했지만 풍년만을 위한 신은 아니었다. 그는 역시 자연을 주관했지만 자연의 변화에 따라서 죽음과 부활을 반복하는 신도 아니었다. 오히려 자연법칙은 야웨의 전능하심을 보여주는 많은 도구 가운데 하나에 불과할 뿐이었다.

그리고 야웨의 권능은 주기적으로 반복을 거듭하는 자연계의 사건들과 관련되어 있기보다 반복될 수 없는 역사적인 사건들과 관련이 있다. 이스라엘을 이집트에서 꺼내올 때, 야웨는 자연계의 모든 권능들, 예를 들면 전염병이나 바닷물, 바람, 지진과 같은 것들을 이용해서 자신의 전능하심을 보여주었다. 더욱이 그는 매 역사 가운데 고통당하는 그 백성을 직접 찾아와서 각각의 역사적인 사건에 대한 해답을 주신다. 비록 이스라엘에도 야웨를 위한 제의가 있었지만 바알 숭배에서 보는 것과 같이 신을 달래기 위한 것이나 신들의 인간적인 관계회복을 촉구하기 위한 제의는 아니었다. 야웨를 위한 제의는 야웨께서 모든 역사 가운데 직접 개입하셔서 그 백성을 인도하여 주시는데 대한 감사와 찬양의 제의였다. 그러므로 이스라엘과 야웨는 제의를 통해서 정기적으로 만나야만 했다.

보편적으로 사람들은 야웨 종교의 기원을 기원전 9세기 중엽에 두고 있다. 1868년에 모압의 디본에서 발견된 메샤 석비 (Mesha Stone)에 의하면 이스라엘과의 영토분쟁을 종식한 모압의 왕 메샤가 느보에 있던 야웨의 기물들을 모압의 신인 크모쉬 제단에 바친다는 기록이 있다. 그러나 성서의 기록에 의하면 야웨 종교는 기원전 15세기 모세에 의해서 시작되었음을 알 수 있다. 그 사건에 대한 기록이 구약성서 「출애굽기」 3장에 나타난다. 야웨 종교라는 이름 그 자체는 성서에 나타나지 않지만 야웨를 유일신으로 섬기는 사람들의 종교를 일반적으로 야웨 종교라고 불러도 무방할 것이다.

야웨는 히브리인들이 섬기는 유일신의 이름이다. 야웨가 자기 이름을 맨 먼저 나타내신 사건은 모세가 떨기나무 근처에서 하나님을 뵈었을 때 야웨가 직접 자기의 이름을 가르쳐주신 것에 기인한다(「출애굽기」 3 : 14). 여기에서 야웨는 "나는 스스로 있는 자니라"고 말씀하시는데 이 히브리어 음역 "예흐예 아쉐르 예흐예"는 영어로 "I am who I am" 정도로 번역이 된다. 우리말로 번역을 하면 "나는 나다"라는 말이 될 뿐이다. 우가릿 문서에 의하면 이 '엘'이라는 어구는 '창조하다'라는 의미를 가지고 있는 것으로 알려졌는데 이 단어를 '창조하다'

라는 의미로 해석한다면 "나는 창조하는(탄생시키는) 야웨다"
라는 의미가 될 수도 있을 것이다. 또한 이집트의 문헌들 가운
데 아문 레(Amun-Re) 신과 아텐(Aten) 신에게 적용했던 정형구
절 가운데 「출애굽기」 3장 14절과 유사한 표현이 있는데 여
기에서는 "나는 존재하게 된 것을 있게 하는 그 분이다"라고
나타난다. 그러나 궁극적으로 이 말의 의미는 야웨는 그 존재
의 기원이 무엇이며 누구에 의해서 출생되거나 누가 그를 생
성시켰느냐고 하는 것은 문제가 되지 않는 것이라는 의미가
들어 있다. 즉, 야웨는 누구에 의해서 만들어진 것도 아니며
스스로 있는 자존자(自存者)라는 말이다. 이러한 야웨의 이름
에 담겨 있는 속성이 기독교 신앙과 다른 신앙의 차이점을 나
타내고 있는 것으로 볼 수 있다. 즉, 다른 신화에 나타나는 신
들은 그 기원이 있고 대부분이 창조되거나 부모 신들의 결합
으로 생긴 것들이지만 야웨는 자존자로서 그 어느 누구의 간
섭이나 도움이 없이 스스로 존재하는 분이시라는 말이다.

　족장 시대의 야웨는 한 부족의 신으로만 섬겨졌으며, 아브
라함과 이삭, 야곱과 요셉 이 네 족장을 중심으로 전개되는 족
장 시대에는 야웨는 한 가문(家門)의 신으로만 섬겨졌다. 물론
성서 기자는 이 시대에도 야웨가 온 우주를 통치하시는 왕이
었음을 강조하고 있으나 아직까지 이스라엘은 부족 공동체였
으며 야웨 역시 그 부족의 신으로만 섬겨졌다. 특히 야웨가 아
브라함에게 주신 약속(「창세기」 12 : 1-3)에 의하면 지금은 비
록 한 개인에 불과한 족장들이지만 그 후손의 시대에 가면 그

민족이 하늘의 별과 같이 바다의 모래와 같이 번성할 것을 약속하셨다. 그래서 이 약속이 족장 시대를 이어서 내려오게 되었다. 예를 들면 야웨는 아브라함에게 하신 언약을 상기시키기 위해서 이삭에게는 "나는 네 아비 아브라함의 하나님이다"라고 말씀하셨고, 야곱에게는 "네 조부 아브라함의 하나님이다"고 하셨다. 그리고 요셉에게는 "네 조상 아브라함의 하나님이다"고 말함으로써 야웨의 언약이 족장 시대를 걸쳐서 계속 전수되고 있음을 강조하고 있다. 그래서 오토 카이저(Otto Kaiser)나 아이히로트(H. W. Eichrodt)와 같은 학자들은 구약성서의 주제를 '하나님의 언약'이라고 보았으며 그 언약이 가장 잘 전수되는 이야기가 바로 족장들의 이야기라고 보았다. 그러므로 족장 시대의 야웨는 그저 한 부족이 섬기는 작은 신에 불과했다.

왕정 시대에 들어가면서 야웨와 이스라엘의 관계는 야웨가 왕이 되고 이스라엘은 그의 백성이 되는 신정정치(神政政治)로 접어든다. 그러므로 야웨와의 관계가 좋은 왕들은 그 왕권을 보장받게 되고 그렇지 못한 왕들은 왕권을 보장받지 못하게 된다. 야웨와의 관계가 좋았던 다윗과 솔로몬의 시대에는 이스라엘이 유래 없는 번성을 했지만 야웨를 떠난 악한 왕들의 통치가 계속되던 시기에는 마침내 분단이 되고 포로로 잡혀가는 결과를 낳았다. 성서 기자는 이 모든 결과가 야웨와의 관계를 잘 유지하느냐 못하느냐에 달려 있다고 보았다. 포로 시대에도 야웨는 그 백성 이스라엘에게 끊임없이 소망을 불어

넣어 주었으며 마침내 포로로 귀환한 이스라엘은 그 동안 야
웨와의 관계가 좋지 않아서 이런 결과가 왔음을 확신하고 야
웨와의 관계회복을 위해서 성전을 건축하고 종교의식을 개혁
하는 등의 일련의 조치를 취함으로써 야웨의 백성으로서의 위
치를 확립하려는 노력을 했다.

이때 야웨가 모세에게 가르쳐 주신 이름이 바로 야웨(יהוה)
이다. 통상적으로 히브리인들은 야웨라는 이름 대신 '아도나
이(אדני)'라는 이름을 사용하고 있는데 그 이유는 야웨의 이름
을 감히 바로 부를 수 없어서 야웨를 경외하는 의미에서 '주
(主)'라는 의미를 가진 '아도나이'라고 부른다. 야웨의 이름은
그 외에도 여러 가지가 있는데 모든 이름이 다 야웨의 인격적
특성과 관련이 되어 있다. 이스라엘에게 있어서 야웨는 유일
신이다. 아브라함 이후 이스라엘과 언약을 맺은 야웨는 이스
라엘의 친권자로서 그 권리를 행사하고, 이스라엘은 야웨의
아들로서 그 의무와 권리를 행사하게 되었다. 야웨는 매우 인
격적인 동시에 신적인 권위를 함께 가지고 있다. 그는 스스로
이스라엘을 위해서 안타까워하며 때로는 분노하기도 한다. 이
스라엘의 죄를 보고 그들을 긍휼히 여기기도 하며 죄에 대한
엄중한 심판을 하시기도 한다.

한편, 이스라엘은 야웨를 다른 신과 함께 겸하여 섬기는 이
른바 종교혼합주의(syncretism)에 빠져서 야웨의 진노를 사기도
했다. 야웨는 스스로 다른 신들과 같은 가치를 가지고 숭배되
는 것을 원하지 않는다. 야웨를 제외한 모든 신들은 숭배의 대

상이 아니다. 오직 야웨만이 숭배의 대상이므로 다른 신들을 섬기는 자들은 야웨의 심판을 받는다는 것이 일반적인 생각이었다. 왕정 시대의 야웨주의는 강력한 정치적인 뒷받침이 있어야만 그 정체성을 확립할 수 있었다. 그래서 야웨는 왕들에게 자신과의 관계를 잘 설정해서 그 계약 안에서 정치를 할 경우 그 정권을 축복하겠다는 언약을 했다. 이때 야웨와의 관계를 잘 유지했던 다윗, 솔로몬, 여호사밧, 히스기야와 같은 왕들의 통치 기간은 매우 평화로운 날들이었지만 므낫세나 오므리와 같은 왕들의 통치는 매우 불행한 시간의 연속이었음을 성서 기자는 강조하고 있다.

그리고 야웨는 당신의 뜻을 전달할 때 항상 예언자들이나 사사들을 통해서 말씀하신다. 아주 특별한 경우 야웨가 직접 백성들 사이에 나타나기도 하지만 이것은 그야말로 아주 특별한 경우로서 구약성서에서도 단 몇 차례만 나타날 뿐이다. 대부분은 간접적인 방식으로 나타나셔서 그의 의지를 알리신다. 제사장들이나 예언자들이 야웨의 뜻을 알기 위해서는 신점 (divine) 의식을 치른다. 그 가운데 가장 흔한 것이 제비뽑기이다. 이 제비뽑기에 대해서는 성서 안에 많이 기록되어 있는데 제비를 뽑아서 범인을 잡거나 제자를 택하는 일은 그 당시에는 매우 흔한 일이었다. 그 외에도 고대 근동에는 여러 종류의 신점 행위가 있었는데 대표적인 행위로는 동물의 간이나 내장을 이용해서 점을 치는 행위(Extispicy), 그릇에다 물을 채워놓고 그 위에 기름을 떨어뜨려 기름이 퍼지는 모양을 따라서 점을 치는 행위(Lecanomancy), 막대기를 이용해서 점을 치는 행위(Rhabdomancy), 화살을 이용해서 점을 치는 행위(Belomancy), 꿈을 통해서 점을 치는 행위(Oneiromancy) 등이 있었다. 야웨는 이러한 방식을 통해서 그의 의지를 알리셨고 그의 의지는 예언자들을 통해서 전파되었다.

바빌론 포로 시기는 야웨 종교가 매우 침체된 시기였다. 70년간의 포로생활 동안 이스라엘은 민족적 정체성을 많이 상실했으며 종교적으로도 암울한 시기였다. 앗시리아에 의해서 먼저 기원전 722년에 식민지가 된 북왕국 이스라엘과 앗시리아를 정복한 바빌론에 의해서 기원전 586년 식민지가 된 남왕국 유다 모두는 야웨에 대한 종교적 의무를 수행하지 않았으며, 그 결과 안식일과 할례의식을 제외한 모든 제의들이 사라지기 시작했다. 이 때에도 야웨는 포로기의 예언자인 에스겔이나 예레미야를 통해서 야웨와의 계약관계를 기억하고 충실한 종교적인 생활을 강조했으나, 이스라엘은 너무도 쉽게 바빌론의 문화와 종교에 동화되어 버렸다. 예언자들은 이스라엘이 바빌론의 포로가 된 것은 야웨와의 관계를 잊어버렸기 때문이라는 심판의 메시지를 전하면서 동시에 포로기의 암울한 현실 가운데서도 야웨가 그들을 구원하리라는 희망을 버리지 말 것을 선언했다. 그러나 한마디로 말하면 포로생활을 하는 기간은 야웨 종교의 암흑시기라고 할 수 있다.

바빌론 포로 시기 이후 학개와 스가랴 그리고 느헤미야와 스룹바벨과 같은 젊은 개혁가들에 의해서 예루살렘으로 돌아

온 후 가장 먼저 실시된 개혁이 바로 야웨에 대한 종교적인 의식과 가르침의 회복이었다. 그들은 무너진 야웨의 제단을 수축하고 안식일과 할례를 강조하였으며, 도덕적 성결과 윤리적 정결을 강조했다. 그리고 이제 다시 포로 시기와 같은 암울한 현실을 당하지 않으려면 다시 야웨에 대한 신앙을 회복해야 한다고 강조했다. 특히 그들은 바빌론에서 태어나서 성장한 제2세대를 위해서 성서를 그리스어로 번역하는가 하면, 야웨가 그 조상들을 위해서 하신 일들을 되새길 수 있도록 토라(모세 5경)를 강조하는 교육을 강화했다. 이러한 일련의 개혁들을 통해서 개혁가들은 야웨에 대한 신앙심을 회복하길 원했다. 그러나 포로생활을 하고 귀환한 지도층들과 포로기간 동안 이스라엘에 남아서 온갖 수탈과 착취를 경험했던 사람들 사이에서 발생한 갈등은 쉽게 해소되지 않았으며, 포로생활을 하고 온 지도층 사람들에 의해서 주도된 종교개혁은 결국 본토에 남아 있던 사람들의 방해에 의해서 일시 중단되는 비극을 겪기도 했다. 그러나 연이어서 4세기부터 시작된 그리스의 통치는 더욱더 심한 다신론적 상황을 야기시켰고, 기원전 64년 로마가 그리스를 정복하고 예수께서 탄생하기 전까지 온갖 예언과 환상이 즐비한 암흑의 시대가 다시 시작되었다.

이와 같이 야웨 종교는 약 2,000년 이상의 역사를 통해서 많은 변화와 갈등을 겪었다. 우리가 이러한 역사적 변화를 통해서 알 수 있는 사실은 야웨 종교 역시 그 시대적인 삶의 자리(sitz im leben)에 따라서 부흥과 쇠퇴의 길을 걸었다는 것이다. 그러나 구약성서의 위대성이 한 가지 있는데 그러한 시대적 변화에도 불구하고 아브라함에게 하신 야웨의 언약이 꾸준하게 성취되어 왔다는 것이다. 이것은 구약성서가 다른 고대 근동의 문헌보다 훨씬 위대한 기록임을 증명하는 것이다. 그래서 필자는 구약성서의 주제를 한마디로 말하라고 한다면 바로 '언약'이라고 본다. 야웨 종교가 이러한 변화무쌍한 역사의 무대에서 존재하고 번성해서 오늘날 기독교라고 하는 이름으로 존재하게 된 가장 큰 원인이 바로 야웨의 약속이 성실하게 성취되어 왔다는 것이다. 그리고 이 야웨의 약속이 기원전 4년경에 베들레헴에서 태어난 예수를 통해서 최종적으로 완성되었다고 보는 것이다.

우가릿 문서와 바알

바알(Baal)은 가장(家長)·남편(男便)·소유자(所有者)·주(主) 등의 의미를 가진 신으로서 우가릿 만신전의 주신이다. 바알이 다른 자연신들보다 더 탁월한 신이라는 증거는 두 개가 있는데 그 하나는 우가릿에서 발견된 두 개의 신전 가운데 하나가 바알에게 헌정된 것이고, 다른 하나는 바알의 역할이 다른 신들의 역할보다 훨씬 더 중요하다는 데 있다. 바알이라는 칭호는 주로 신들과의 투쟁 가운데 잘 나타나고 있는데 이때 나타나는 그의 이름은 '전능자 바알(The Mighty Baal)' '전능한 영웅(The Mightiest of heroer)' '우리들의 높으신 바알(Our king is Baal)' '우리의 시배사는 누구보다도 높으신 분(Our ruler there is none above him)' '우리의 왕은 전능한 바알(Our king is Aliyn Baal)' 등과 같은 것으로서 바알의 속성을 잘 나타내 주는 이름들이다. 통상적으로 바알은 '구름을 탄 자'라는 의미를 가지고 있는데 이러한 이름들은 바알의 기능보다는 속성들을 나타내는 것으로서 농사와 자연을 주관하는 속성 이외에도 만신전의 주신으로서의 바알의 위용을 알 수 있게 해준다. 그래서 존 그레이(John Gray)라고 하는 신학자는 바알은 폭풍우와 식물성 기능 속에 명시된 자연신이었을 것이라고 보았고, 그러면서도 전능한 신으로서의 바알의 위용도 함께 가지고 있다고 보았다.

가나안에 대한 구약성서의 증거는 너무 단편적인 것이거나 부정적인 것 일색이므로 그 정확한 실체를 발견하는 것은 쉽지 않은 일이었다. 그러던 중 우가릿(Ugarit) 문서의 발견은 가나안의 바알에 대한 성서 외의 증거를 제공해 주는 중대한 발견이 되었다. 이 문서는 라스 샴라(Ras Shamra)에서 발견이 되었다고 해서 라스 샴라 서사시(Ras Shamra Epic)라고도 하는데 이 문서는 키프로스(Cyprus)의 자그만 아랍 마을에서 밭을 갈던 농부의 쟁기 끝에 걸린 토판의 발견에서부터 시작되었다. 이 쟁기 끝에는 아무도 상상할 수 없는 중대한 증거들이 가득 들어 있었는데, 특히 가나안의 문학에 나타나는 바알에 대한 서사시는 구약성서에서 발견되어지는 야웨의 탁월한 지도력을 묘사하는 시와 너무나 흡사해서 바알이 야웨와 동일시되는 인물일 수도 있다는 가정(假定)을 낳게 되기도 했다. 그래서 고든(Cyrus H. Gorden)은 우가릿 문서의 발견이 20세기에 발견된 가장 중요한 고대 문헌이라고 주장했다. 1928년부터 제2차

세계대전이 일어나기까지 프랑스 고고학자들은 시리아 북부 연안에 있는 우가릿에서 많은 토판을 발견해냈다. 학자들은 여기에서 아세라가 새겨진 왕의 흉패와 바알이 조각된 돌비, 물병 그리고 장식품들을 발견했는데, 그 중에서 가장 중요한 발견은 바알 사원과 다간(Dagan) 사원 사이의 중간 건물인 도서관에서 나온 토판들로서 이것이 그 유명한 우가릿 문서이다. 우가릿은 기원전 15~14세기에 있었딘 우가릿이란 같은 이름을 가진 나라의 수도이다. 이집트에서 아마르나 토판이 발견되었을 때 우가릿이란 이름이 있었다는 것을 알게 되었지만 직접 발견되기는 처음이었다. 우가릿은 지리적 입장 때문에 이집트보다는 히타이트(Hittite) 족속의 영향을 많이 받았다. 많은 토판에 그 이름이 나오는 내크무드 왕이 헷 왕 수피루리우마스와 조약을 맺은 바도 있다. 우가릿에서 발견된 문서들에는 시 형태로 된 신들에 관한 신화적인 이야기, 인간에 관한 전설적인 이야기 등이 있다. 그 밖에 산문체로 된 것은 서신, 의약처방, 세금징수, 징용, 통계, 토지 소유, 상거래, 임금 등 일상생활에 관한 것들이다.

이들 토판은 아카디안·후리안·우가릿 언어로 씌어져 있다. 그런데 우가릿어는 이제까지 알려지지 않은 언어였다. 프랑스의 비롤로드(Virolleard)는 그 문자가 설형문자식으로 씌어지기는 했으나 셈족 계통의 언어라는 것을 확인하고 27개의 부호를 가려냈다. 이들 부호는 단어나 음절을 나타내는 것이 아니라 각기 알파벳 글자를 나타내는 음표문자이다. 그 후 미국의 고든(Gordon), 긴스버그(Ginsberg), 개스터(Gaster) 같은 학자들이 토판 판독에 많은 공헌을 했다.

대부분의 문학적·종교적인 글들은 기원전 1400년에서 1350년 사이에 기록되어졌다고 보이나 실제로 신화와 전설의 기원은 그것보다 더 오래된 것이라고 볼 수 있다. 우가릿 문서가 보여주는 신화나 전설들은 일반적으로 구약성서의 예언자들이 맹렬히 공격하는 가나안 종교를 구현화한 것이다.

고고학자들이 밝힌 바에 의하면 우가릿에서 바알 신으로 추정되는 작은 신상들을 발견했는데, 이 바알은 가나안 만신전의 최고신인 엘과 그의 아내인 아세라트(Asherat) 사이에서 태어난 신이다. 이 엘과 아세라트가 결혼을 해서 자녀들을 낳았다는 이야기는 요즈음의 신화에서는 우스운 일이지만 농경사회에서 풍요를 담당하는 신이 자녀를 가진다는 것은 매우 자연스럽고도 이상적인 일로 받아들여진다. 이 엘 신은 카시우스(Cassius) 산 위의 70명의 신들의 총회를 주관하고 풍년 때만 나타나는 정도이다. 그 대신 일상적인 제사나 모임은 젊은 신들이 주관했는데 바알은 이 젊은 신들 가운데 가장 인기 있는 신이었으며 구름과 비를 움직여 가나안의 풍요와 생명을 주관하는 신이었다. 그의 아내는 아낫(Anat)으로서 사랑과 전쟁의 여신이다.

바알과 아낫은 메소포타미아의 탐무즈와 이쉬탈에 비교되기도 하는데, 특히 후에 식물의 신이 되어서 소멸과 재생을 담당하는 것이 바알과 아낫이 보여준 흉년과 풍년의 주기적인 반복이라는 패턴과 매우 유사한 면을 보여준다. 아마 이 주기적인 패턴은 이 신들이 신년축제와 같은 농경문화와 결속되어 있음을 보여주는 증거가 되는 것으로 보인다.

바알과 아낫의 영원한 적수는 죽음의 신인 모트(Mot)이다. 구약성서에도 모트를 의인화시켜서 표현하기도 하는데(「예레미야」 9 : 21) 이는 스올(Sheol)과 더불어서 죽음을 의인화한 이름이다. 우가릿 문헌에 나타나 있는 비알에 대한 이야기는 다음과 같다.

바알 이야기

바알과 아낫에 대한 해석은 구구하다. 일반적으로 바알 이야기는 계절에 따라 땅의 채소와 곡식이 자라고 또 시들고 하는 것을 나타내기 위한, 죽었다가 다시 살아나는 신들의 이야기로 생각해왔다. 그러나 고든(Gordon)은 이것을 극구 부인한다. 바알이 풍요와 관련되어 그의 죽음이 땅에 가뭄을 가져온 것은 사실이나, 그것은 7년이 걸렸으며 매년 그렇게 되는 것은 아니라는 것이다.

개스터(Gaster)는 바알이 근본적으로 비의 신이라는 것을 주장한다. 그는 '바알과 아낫' 시 중에 언급된 '구름을 타시는 자' '구름을 열고 비를 내리시는 자' 등의 표현은 물론 어원학적으로 아랍어의 '바알(ba'l)'이 '비로 적셔진 땅'이리는 것을 지적하고 있다. 그러므로 우리는 바알과 아낫 이야기의 초점도 얌-

나하르와 바알 그리고 아스달의 대결이라고 볼 수 있다. 여기의 얌-나하르는 바다와 강의 신이고 아스달은 샘과 우물의 신이다. 즉 이 세 경쟁자가 최고의 신 엘을 대신하는 왕의 자리를 차지하기 위해 서로 싸우는 것이다. 얌-나하르는 궁전을 짓고, 자기가 왕이라고 주장한다. 바알은 얌-나하르를 패배시키고 자기 궁전을 지은 뒤, 온 땅을 다스리게 된다. 그러나 죽음의 신 모트가 바알에 도전하자, 바알은 그를 찾아 지하세계로 내려간다. 그가 왕의 자리를 비우자 비가 그쳐 땅의 샘들이 말라버리게 된다. 엘은 바알이 죽은 것으로 간주하고, 그 대신 그 자리에 아스달을 임명한다. 그레이(Gray)는 아스달을 인공적인 관개(灌漑)로 본다. 즉, 자연적인 비가 오지 않을 때는 인위적으로 샘물을 파서 논과 밭에 물을 댄다는 것이다. 그러나 아스달은 왕위에 올랐으나 키가 작기 때문에(아직 미성년이기 때문에) 그 임무를 수행하지 못한다. 이것은 곧 인위적인 관개사업이 충족하지 못하다는 것을 의미한다.

바알은 다시 소생하여 아스달을 물리치고, 또 모트도 패배시킨 다음에 왕권을 다시금 차지하게 된다. 바알은 부인을 취하여 자녀를 생산하고, 왕으로 군림하게 되는 것이다. 이렇게 볼 때 '바알과 아낫' 이야기는 비의 신 바알이 온 땅의 주인이며, 다른 신들 위에 으뜸가는 왕으로서 주권을 행사하게 되는 과정을 그린 것이다. 이것은 다시 말해서 비가 모든 자연의 생존에 절대적인 요소가 된다는 것을 보여주는 것이다.

대부분의 토판들이 모서리가 훼손되었기 때문에 첫 부분은 분명치 않은 것들이 많다. 따라서 우리는 여기서 고든이 정한 차례대로 따르려고 한다.

최고의 왕이 누구인가를 밝히기를 끈질기게 요구하는 아스달에게 최고의 신 엘은 얌 공이 바다의 왕이라고 선언한다. 그리고 아스달이 왕이 될 수 없는 이유는 그가 부인이 없기 때문이리고 말한다. 즉, 아직 미성년이기에 왕이 될 자격이 없다는 것이다.

새로 시작되는 토판(Gordon의 Text 137)에서는 바알과 얌의 대결이 묘사되어 있다. 바다와 강물의 신인 얌이 대지까지 주관하게 된다. 그러자 비와 땅의 풍요를 책임진 바알이 얌의 권위에 도전을 하게 된다. 그리하여 이들 사이에 갈등이 생기게 된 것이다. 이에 바다의 신 얌은 신들이 모이는 의회에 자신의 심부름꾼을 보내어 바알을 내어놓으라고 요구한다. 신들은 최고의 신 엘의 주재 하에 모여 회의를 하고 있다. 엘은 무력자가 강력자의 요구에 어쩔 수 없이 항복하듯이 바알을 내주려고 한다. 그러면서 바알은 결코 사나운 존재가 아닌 만큼 얌이 그를 두려워해야 할 이유가 없다고 변명한다. 바알은 최고신의 비겁함으로 인하여 그같이 배신을 당하고, 이제는 더 이상 참을 수 없어 급기야 분노를 터트리고 만다. 사태가 이 정도로 급진적으로 발전하자 바알의 여동생 아낫이 바알을 만류한다. 얌과의 직접적인 대결은 위험하다고 생긱하여 신의 기능공인 코타르-와-하시스가 바알에게 두 개의 마술 곤봉을 만들어 준다. 이 곤봉은 바알이 직접 얌과 손과 손으로 싸울 필요도 없이 바알의 손에서 자동적으로 튀어나가 괴물을 내려치게 제작된 것이다. 두 개의 곤봉을 만든 이유는, 첫 번째 곤봉은 예비적인 것이고 두 번째 것이 결정타를 가하는 것이기 때문이다. 코타르-와-하시스는 바알이 대결에서 큰 승리를 거둘 것이라고 예언한다. 이 곤봉을 가진 바알은 얌과 싸워서 그를 물리친다. (그 다음 부분은 너무나 단편적이라 의미가 분명치 않다.)

얌은 아직 죽은 것이 아니다. 그는 바알에게 굴복을 한다.

그러나 얌은 일어나 말했다.
"보시오, 나는 죽은 것이나 마찬가지요.
이제는 바알이 왕이오!"
바알은 참으로 창피를 느꼈다.
얌은 계속해서 말하는 것이었다.
"보시오, 나는 죽은 것이나 마찬가지요.
이제는 바알이 왕이오!"

여기서부터 새로운 토판이 시작되며 고든은 이것을 아낫 텍스트라고 부른다. 아낫의 중요한 역할이 부각되는 부분이다. (한편, 개스터는 이 부분을 바알 이야기의 제일 뒷부분에 두고 있다.)

바알의 승리를 축하하기 위해서 신들은 연회를 베푼다. 앞부분은 생략되었기 때문에 누가 말을 하고 있는지는 나타나지 않았지만, 아마도 최고의 신 엘이라고 보는 것이 무난할 듯하다. 바알의 손에 놓인 잔은 축배를 말한다. 본문은 이어서 그 축배가 매우 거창한 것이며 심지어는 여신 아세라도 볼 수 없는 큰 잔이라는 것을 자랑한다. (그 다음 부분은 토판이 너무 심하게 훼손되어서 알아볼 수가 없다.)

아낫은 바알에 대항하는 자들에게 복수를 하며 대학살을 감행한다. 그들이 신전 안으로 피신하는 것을 막기 위하여 대문을 굳게 잠그고, 아낫은 언덕과 들판에서 그들을 만나 모조리 참살한다. 이에 바알은 젊은이들을 아낫에게 보내어 아낫에게 경례를 한 다음 이 땅의 전쟁은 종식되어야 하며 그녀가 무기를 제쳐놓고 평화를 찾아야 한다고 전하도록 한다. 아낫은 바알의 사신을 보자 혹시나 바알의 원수가 또 나타났는가 싶어 염려가 된다. 그리고 곧이어 아낫은 바알의 부름에 호응하여 곧바로 그가 있는 곳으로 떠난다. 바알은 그녀가 오는 것을 보고 식탁을 준비한다. 아낫은 엘에게 찾아가 바알을 위한 집을 지어달라는 부탁을 하겠다고 말한다. 만일 엘이 그녀의 말을 듣지 않으면 아낫은 그를 골탕먹이겠다고 말한다. 아낫은 먼 여행 끝에 엘을 찾아간다. 엘은 그의 방에서 그녀를 맞이한다. 아낫은 엘에게 바알을 위해 집을 지어달라고 요구한다. 아낫이 엘과 얘기를 하고 있는 동안 아세라의 종 카데스와 아무르는 갑동을 거쳐 신의 기능공이 사는 이집트의 프타 도시까지 가서, 바알의 메시지를 코타르-와-하시스에게 전하도록 일러둔다.

고든의 Text 51에는 바알이 궁전을 얻는 이야기가 전개된다. 바알은 아낫에게 자기가 주권을 얻었지만 땅 위에 아직 궁전이 없기 때문에 다른 신들의 조소를 받는다고 말한다.

> 승리자 바알이 대답하였다.
> 구름을 타시는 이가 대답하였다.
> "그들이 나를 모욕합니다.
> 그들이 나를 조롱합니다.
> 신들의 의회 한가운데서 더러운 음식이 내 식탁 위에
> 놓여졌고 배 바닥에 괸 물이 내 잔에 부어졌습니다.
> 보시오,
> 바알이 미워하는 연회가 두 가지 있습니다.
> 구름을 타시는 이는 세 가지를 미워합니다.
> 수치스러운 연회이며
> 창피한 연회이며
> 음탕한 여인들의 연회입니다.
> 그런데 여기 수치스런 연회가 있고
> 음탕한 여인들이 있습니다."

그의 부인과 자녀들이 엘과 아세라의 궁전에 살고 있다. 그래서 바알은 아낫에게 자기의 사정을 아세라에게 전하고, 또 아세라는 엘에게 전해달라고 부탁한다. 아낫은 괴물 얌을 우선 바다 속으로 쫓아낸다. 그런 다음 아낫은 엘을 위한 선물을 준비하여 그에게로 달려간다. 아세라는 아낫과 바알이 오는

것을 보고 그들이 악의를 가진 것으로 생각하고 무척 놀랐으나 그들이 가지고 온 선물을 보고 마음을 놓는다.

> "들어라 처녀 아낫아……
> 먹고 마셔라.
> 내 젖을 먹고 자란 다른 신들과 함께
> 예리한 칼로 살진 고깃점을 자르고
> 큰 잔으로 술을 마셔라!"

그리고는 아세라는 자기의 대신을 시켜 얌을 그물로 사로잡으라고 명한다. 아세라는 바알에게 얌이 더 이상 괴롭히지 않을 것이며, 바알이 마음 놓고 주권을 행사할 수 있을 것이라고 말해준다. 그러나 바알은 자기의 궁전이 없이는 계속해서 신들의 모멸을 받는다고 주장한다. 여기에 대해 아낫은 먼저 신들의 어머니에게 간구를 드린 다음, 그 후에 엘에게로 가겠다고 대답한다. 그 말을 듣고 아세라는 그들을 후히 영접하며 음식을 대접한다. 식사를 마친 후 아세라는 자기의 손님들을 엘에게로 데리고 간다. 엘은 아세라를 친절히 맞아주었다. 아세라는 엘의 호응을 받은 뒤 바알의 형편을 얘기한다. 엘은 바알을 위해 궁전을 짓는다고 하는 데는 반대를 하지 않으나 바알이 아세라와 자기에게 육체노동을 하라고 하는 것이냐고 묻는다. 긍정적인 대답을 들은 아낫은 그 소식을 멀리서 기다리는 바알에게 전해준다. 그 말을 듣고 바알은 자기 궁전을 짓기 위한 훈시를 내린다.

      승리자 바알은 기뻐했다.
      그는 대상을 자기 집으로 불러들였다.
      마차들을 자기 궁전에 불렀다.
      산은 그에게 많은 은을 내어 놓았고
      언덕은 좋은 금을 내어 놓았다.

  바알은 신의 기능공이며 건축자인 코타르-와-하시스를 불러 건축 계획을 상의한다. 궁전에 창문을 달 것인가에 대해 서로 의논을 한다. 코타르-와-하시스는 창문이 있어도 좋다고 생각하나, 바알은 얌이 창문을 통해 그의 딸들을 납치해 갈까 걱정을 한다. 그들은 집을 짓기 시작했다. 은과 금을 녹이기 위해 불을 지핀다. 바알은 집을 지은 뒤, 신들을 불러 연회를 베풀었다.

      "나는 은으로 내 집을 지었다.
      나는 금으로 내 궁전을 지었다."
      바알은 잔치를 준비하였다.
      하루는 잔치를 준비하였다.
      그는 소와 양을 잡고
      황소와 포동포동한 염소
      새로운 송아지

어린 양과 염소를 잡았다.

바알은 얌에게 마지막으로 격퇴의 일침을 준다. 그리하여 그의 딸들이 안전하게 되고 자기의 주권을 튼튼히 하게 된 것이다. 바알은 그의 손님들을 취하게 한 다음 혼자서 자기의 영토를 확장하기 위해 온 땅을 둘러본다. 바알은 얌을 물리치고 그의 왕국을 차지한 다음 그의 궁전으로 돌아와 집에 창문을 달기로 마음을 바꾸어 먹는다. 바알 집의 창문이 열릴 때마다 하늘의 창문도 동시에 열려 땅에 비가 내리게 된다. 코타르-와-하시스의 말을 이어받아 바알은 그의 주권을 침해하는 것을 용납하지 않을 것이라고 천명한다. 바알은 그의 전령 구판과 우갈을 모트에게 보내어 앞으로 모트는 지하세계에서만 살 것이며, 지상을 방문할 경우에는 사막과 광야에만 국한하라고 통보한다.

고든의 Text 67에서는 바알이 왕권을 상실하고 지하세계로 내려가는 이야기가 시작된다. 바알은 계속해서 정복을 한다. 모트는 바알을 지하세계로 유치하기 위하여 그 같은 정복은 위험하다고 경고한다. 그러면서 거기의 이야기를 들려준다. 두 심부름꾼은 바알에게 와서 모트의 말을 전한다. 모트는 바알을 연회에 초대한다. 그의 음식은 지하세계의 진흙뿐이지만 그의 손님을 위해 호화로운 식탁을 준비한다. 바알은 모트의 도전을 받고 당황해 한다. 바알은 야비한 정복을 하는 소식을 보낸다. 바알이 모트에게 보내는 전갈문 중의 일부이다.

"모트는 턱이 땅에 닿고 입술은 하늘에 닿으며
혀는 별에 닿는다……
그러나 떠나라.
모트에게 말을 전하라.
엘이 사랑하는 영웅에게
이것이 승리자 바알의 소식이요.
영웅 승리자의 말씀이요.
보시오 엘의 아들 모트여
나는 당신의 종이요.
영원히 당신의 종이요."

전령들은 바알의 소식을 전했으나, 모트는 바알이 용기가
없는 것을 조롱한다. 지하세계에 내려가야만 하는 바알에게
아낫이 충고를 한다. 즉, 왕위에 속한 모든 부속품은 물론 신
부와 지팡이까지 휴대하라는 것이다. 그리고 송아지와 교접을
하는데, 이는 자신이 황소와 같은 힘을 유지하고 만일에 다시
돌아오지 못할 경우에는 땅 위에 후손을 남기기 위함이다. 바
알은 송아지와 교접을 하고 송아지는 남자 새끼를 낳는다. 바
알은 그것을 자기 자식으로 삼는다. 바알은 지하세계에 내려
가고 그의 심부름하는 애들이 바알이 없어진 것을 엘에게 보
고한다. 엘은 바알이 죽었다는 소식을 듣고 슬퍼한다.

　　　그는 애도의 낯으로

머리에 흙을 끼었었다.
그가 일으킨 먼지를
그의 머리 위에 얹었다.
그의 허리는 베옷으로 감았다.
그는 슬퍼하며 온 땅을 헤맸다.

아낫 역시 바알이 없어진 것을 알고는 슬퍼한다. 그리고는
지하세계로 내려가 그를 구해 와야겠다고 결심한다. 아낫은
태양의 여신과 함께 지하세계로 내려가서 바알의 시체를 찾아
어깨에 들쳐메고 자폰의 고지를 향해 올라간다. 바알을 장사
지내고 그를 위해 대희생제를 드린다.

그들은 그를 위해 통곡한 다음 장사지냈다.
그들은 그를 땅의 신들의 구멍 안에 집어넣었다.
그리고 아낫은 70마리의 들소를 잡았다.
승리자 바알을 위한 헌납물로써
아낫은 70마리의 양을 잡았다.

고든의 Text 49가 시작된다. 아낫은 엘에게 달려가 바알이
죽었다는 사실을 알린다. 그러면서 이제는 바알의 왕권을 반
대해 왔던 아세라와 다른 신들이 기뻐할 것을 염려한다. 엘은
바알의 후계자를 선임하자고 제의한다. 엘은 바다의 여왕 아
세라를 불렀다. 아세라는 아스달을 추천한다. 그러자 아스달

은 바알의 빈 왕좌에 앉기 위하여 자폰의 고지를 올라간다. 그러나 그는 신체적으로 너무나 미흡한 것을 깨닫고 땅으로 내려온다. (약 30행이 파손됨.)

아낫은 바알을 찾아 온 땅을 헤맨다. 바알의 시체는 매장되었고 그는 아직 살아나지 않았다. 아낫은 모트를 만나자 바알을 살려내라고 요구한다. 그러나 모트는 그녀의 요구를 거절한다. 아낫은 기회를 기다리다가 모트를 다시 만났을 때 그를 맹렬히 공격하여 죽여버린다. (약 40행 정도가 파손됨.)

하루가 지나고 그리고 이틀이 지났다.
날들이 달들로 바꾸어졌다.
처녀 아낫은 그에게 가까이 갔다.
어미 양이 새끼 양을 찾듯
아낫의 마음은 바알을 찾았다.
드디어 아낫은 모트를 붙잡았다.
칼을 가지고 그를 두 쪽 내었다.
채를 가지고 그를 까불렀다.
불을 가지고 그를 태웠다.
맷돌을 가지고 그를 갈았다.
들에다가 그를 흩어버렸다.

아낫은 엘에게 바알이 회생하여 귀환하는 꿈을 소개한다. 엘은 이 소식을 듣고 기뻐하며 아낫으로 하여금 태양의 신에

게 바알이 어디 있는가를 물어보게 한다. 땅은 바알의 회생을
고대하고 있다.

친절하고 자비스러운 엘은 기뻤다.
그는 자기 발을 발판 위에 얹고 입을 열어 크게 웃었다.
그는 목소리를 높여 소리쳤다.
"이제 나는 편히 앉아 쉴 수 있게 되었다.
내 혼도 가슴 속에서 편안하다.
승리자 바알이 살았고
땅의 주인인 군주가 살아났기 때문이다!"
엘은 처녀 아낫에게 큰 소리로 외쳤다.
"들어라, 처녀 아낫아,
신들의 횃불 태양에게 말하여라.
태양아, 들판의 고랑이 다 마르고
엘의 들판의 고랑이 다 말랐다.
바알은 그의 경작지의 고랑을 등한히 했도다.
승리자 바알은 이제 어디 있는고?
땅의 주인인 군주는 어디 있는고?"

아낫은 엘의 말을 태양-여신에게 전달한다. 태양-여신은 바
알을 찾아보겠다고 약속한다. (40행이 파손됨)
바알은 이제 다시 살아나서 그의 주권을 빼앗은 다른 신들
과 대결한다. 얼마가 지난 뒤, 모트는 다시 회복되어 바알의

주권에 다시금 도전한다. (35행이 파손됨)

바알은 패배한 신들을 규합하여 모트를 몰아낸다. 모트는
그에게 불평한다. 바알은 모트와 맹렬한 싸움을 한다. 태양-여
신은 위에서 이 대결을 내려보다가 모트에게 항복하라고 권한
다. 이 같은 경고를 듣고 모트는 두려워 항복을 한다. 태양-여
신은 바알을 도와준 것에 대해 칭찬을 듣고 또 보상을 받는다.

후기 페니키안 문헌에 나타나 있는 바알

바알은 우가릿 문헌에만 기록되어 있는 것이 아니다. 그 외
에 후기 페니키안 문헌 중에도 바알의 가나안적인 모습이 약
간 다르게 변형된 모습으로 발견된다.

후기 페니키안 문헌에서는 바알이라는 이름이 여러 가지
형태로 나타나고 있다. 바알 샤멘, 레바논의 바알, 시돈의 바
알 등 각기 특징에 따른 이름으로 기록되어 있다. 그 중 카르
타고의 문헌 중에는 주신이 바알 하몬으로 나타나는데 그는
엘 신과 동등한 신으로 묘사되어 있다. 반면 그를 수식어 없이
단순히 바알로도 불렀는데 라틴 문헌에는 '과일을 생산하는
자(Frugifer)' 혹은 '과일을 따는 신(Frugum)'으로 묘사하기도
했다. 그의 아내 '티니트(Tinit)'는 바알의 아내 아낫과 동등한
신으로 보았다.

이상과 같이 후기 페니키안 문헌에 나타나 있는 바알은 우
가릿 문헌에 나타난 것처럼 농경과 다산 그리고 풍요와 관련

이 있는 것으로서 단일한 하나의 의미만을 가지고 있는 것이기보다는 농경 사회에서 전반적으로 바라는 풍요로움에 대한 염원을 상징하는 존재로 인식되고 있었던 것으로 보인다.

바알 숭배의식의 특징

신전 창기의 매음(賣淫)의식

우가릿 문서의 많은 증거들에 의하면 바알 신전에는 제사
장(priest) 외에 다른 사람들이 더 있었음을 알 수 있는데 그들
은 '성별된(Holy Prostitute)' 부류의 사람들로서 남자와 여자들
이었다. 이들을 신전 창기라고 보는데 이들은 성서 기자의 비
난에도 불구하고 바알 신앙에서는 매우 중대하고도 거룩한 직
업이었을 것이다. 종교학자인 레슬리(Leslie)에 의하면 이 신전
창기들은 아도니스제(Adonis cult)에서 애도(哀悼)의식과 매음
의식을 했다고 보이는데 이들의 의식에 대해서는 우가릿 문서

에 잘 나타나 있다. 우가릿 문서에 의하면 바알이 죽음의 신 모트의 부름을 받고 모트의 목구멍으로 내려가기 전에 들판에 있는 송아지와 77번, 혹은 88번의 교접을 한다. 그리고 이 토판의 후반부에서는 바알의 누이인 아낫이 이번에는 바알의 아내가 되어서 바알과 관계를 맺고 자녀를 생산하는 이야기가 발견된다.

한편 '신들의 탄생'이라는 문서에 의하면 엘 신이 두 연인과 성적인 교접을 두 번 하고 신들을 두 명 낳는다는 이야기가 나온다. 이 토판에 의하면 이 두 여인은 엘과 부녀지간이며 이 관계를 하면서 부부지간으로 변한다. 한 가지 특이한 것은 성적인 교접에 관한 묘사가 매우 사실적이라는 것이다. 이런 기원에서 볼 때 신전 창기들의 매음의식은 단순히 쾌락을 위한 것이 아니라 종교적인 표현으로서 매우 진지하고 신비로운 자세로 진행되었을 확률이 높다. 이들의 성적 교제는 남자 제사장들과 여자 제사장들 사이에서만 이루어진 것이 아니라 바알 신전의 제의에 참석한 사람들도 동참을 했을 것으로 보이는데 이러한 성적인 교접을 통해서 다산과 풍년을 기원했을 것이다. 자연과 함께 농사를 지으면서 살아온 가나안 사람들에게는 다산과 풍년이야말로 그들의 생존을 가능케 하는 것이었음이 분명하다. 그러므로 그들의 성적인 관계는 매우 진지한 것이었다고 보인다. 그러므로 이러한 매음을 윤리적인 잣대로 평가한다는 것은 무의미한 것으로 보인다. 성서 기자는 성적인 관계 그 자체만을 보고 이러한 행위를 그토록 심하게 비난하며 금지시키려고 했을 것이다. 그러나 성서 기자가 이 행위를 금지시키려고 하면 할수록 이스라엘의 바알 숭배는 더욱 깊숙이 뿌리내리게 되었다. 원래 사람의 본능과 관련된 의식은 쉽게 확산될 뿐만 아니라 쉽게 근절되지도 않는 것이 기본적인 원리가 아닌가? 이것은 오늘날에도 기성 종교와는 다른 사이비 종교에서 사람의 성적인 행위를 거룩한 것이나 신적인 존재와의 합일이라는 의식으로 승화시키는 데서 쉽게 찾아볼 수 있다. 더구나 고대 사회에서 다산은 매우 큰 신의 축복이 아닌가? 그 다산을 위한 의식을 치르면서 사람들이 성적인 쾌락만을 추구했기 때문에 바알 숭배가 쉽게 근절되지 못했다고 할 수는 없을 것이다. 사람들의 본능적인 행위가 종교적인 의미와 합해질 때, 그 행위는 더 이상 육체적·감각적 쾌락에만 머무르지 않고 종교적인 행위로 승화되는 것이다. 이러한 일반적인 법칙이 바알 숭배에 적용되어서 매음의식은 쉽게 뿌리 뽑힐 수 없었다.

애도의식

바알이 모트에 의해서 죽자 그의 아비인 엘과 아내인 아낫은 칠 일 동안 크게 애도하며 바알의 죽음을 슬퍼한다. 바알 숭배에 있어서 애도의식은 바로 여기에서 파생된 것으로 보인다. 그들의 애도는 독특한 행위를 통해서 나타났다. 그 행위는 베옷을 입고, 뺨과 턱을 자르며, 팔뚝을 찢고, 가슴을 쥐어뜯으며, 등을 골짜기처럼 긁는 것 등이다. 이러한 행위를 통해서 우가릿 사람들은 바알의 죽음과 부활을 표현했으며 단산(斷産)과 다산(多産) 사이에서 다산을 원했던 것으로 보인다. 이런 의식은 주로 여성의 몫이었는데 그것은 아마 아낫이 이 의식을 행했기 때문일 것으로 보인다.

유혈의식

이 의식은 바알의 누이이자 아내인 아낫이 즐기는 피의 목욕(blood bath)에서 찾아볼 수 있다. 얌과의 투쟁에서 승리한 바알은 승리한 후 큰 연회를 베풀었으며 아낫은 바알에 대항한 모든 자들을 처참하게 살상했다. 이러한 모습에 대한 생생한 표현이 다음과 같이 나타난다.

"그녀는 전사들의 피 속에 무릎을 담고, 허벅지를 담갔다. 그녀는 전사들의 피로 손을 씻었다."

우가릿 사람들이 이런 의식을 치르는 이유는 농사를 원활하게 지을 수 있도록 비를 내려주길 바라는 마음 때문이었을 것으로 보인다. 신학자인 그레이(J. Gray)는 구약성서「열왕기상」18장에 나오는 갈멜 산에서 보여준 바알 선지자들의 자기 몸을 찢는 의식이 이 의식과 결부되어 있다고 보았는데 이는 매우 의미 있는 주장이라고 본다.

고대 문헌 속에 보이는 야웨와 바알

　고대 문헌 중에서 야웨와 바알을 비교하여 취급하거나 나란히 취급하고 있는 문헌은 거의 없다고 할 수 있다. 다만 바알 신앙과 야웨 신앙이 혼재된 상태로 섬겨져 왔음을 증명할 만한 고고학적 발견물이 있다. 북 시나이에 위치한 사막의 쉬어 가는 곳인 '쿤틸렛 아즈루드(Kuntillet Ajrud)'는 단순히 사막에서 쉬어 가는 곳이 아니라 지역 종교 센터였을 것으로 보인다. 이곳에서 바알과 아세라와 같은 이방신들뿐만 아니라 엘이나 야웨의 이름이 기록되어 있는 비문들과 도자기들이 발굴됐다. 1967년 여름 어느 날 미국의 고고학자 디버(Diver)가 헤브론 근처에서 도굴꾼들이 가져온 유물을 입수하였는데 그 가운데 손바닥이 그려진 여섯 줄의 히브리어 문장이 새겨진 돌판에서 놀라운 문구를 발견하게 되었다. 이 비문과 도자기들은 기원전 9세기 말에서 8세기 초 사이에 만들어진 것으로 본다. 이 비문에는 "사마리아의 야웨와 그의 아세라의 축복이 너희에게 있기를"으로 시작하는 축복문구가 있다. 마지막 단어인 "야웨와 그의 아세라(His Asherah)"가 성서적·문법적으로 문제가 있지만 마지막의 소유격 형태는 아세라가 야웨의 파트너임을 의미한다. '키르베트 엘-콤 기록'이라고 명명된 이 돌판은 1976년 시내 반도에서 발견된 무게 200Kg의 대형 돌그릇과 석고벽 그리고 항아리에서 발견된 또 다른 히브리어 기록과 함께 '야웨와 그의 아세라'에 대한 논쟁을 불붙이기에

충분한 사건이 되었다. 이 두 기록 모두 기원전 8세기 중엽에 기록된 것으로 보이는데 이 시기는 히스기야가 종교개혁을 일으키기 이전으로 이스라엘이 바알 숭배를 가장 극심하게 할 때 기록된 것으로 보인다. 이것은 매우 조심스러운 결론이기는 하지만 당시에는 바알이 야웨의 남편이라고 여겨질 정도로 심각한 종교혼합주의에 빠져 있었음을 말해주는 것이라고 본다. 즉, 풍요와 농경의 신인 바알의 기능이 야웨의 기능과 유사한 것으로 간주되어 사람들이 혼동을 한 채 섬기고 있었을 가능성이 높다는 말이다. 그러나 기타 다른 문헌에서는 야웨에 대한 직접적인 언급을 발견할 수 없다. 그 이유는 그 당시 야웨 종교는 다른 근동제국들을 위협할 만한 세력을 가진 민족의 종교도 아니었고 이스라엘 역시 작은 국가들 중의 하나였으므로 근동 국가들이 야웨에 대해서 직접적인 언급을 할 만큼 중요한 위치도 아니었기 때문으로 보인다.

야웨와 바알 관련 유대 역사

바알 숭배가 이스라엘에 처음 들어온 때는 가나안에 정착한 이후부터로 추정된다. 그러나 바알 숭배가 가나안에 들어온 시기는 기원전 2000년경으로서 아모리(Amorite) 정착민들이 가나안에 들어와서 뿌리를 내리기 시작하면서부터이다. 이때부터 뿌리를 내리기 시작한 바알 숭배는 이스라엘이 가나안으로 들어왔을 것으로 추정되는 기원전 15세기에 이르러서는 매우 깊은 뿌리를 내리게 되었을 뿐만 아니라 가나안 전역을 바알 숭배에 빠뜨릴 만큼 그 세력이 크게 형성되었다. 바알은 원래가 농경 사회의 신이었기 때문에 가나안에서 쉽게 뿌리를 내릴 수 있었다. 가나안은 전통적으로 농경 사회를 이루고 있었으며 농경 사회에서는 농사를 주관하는 신에 대한 제의가 이미 오랫동안 뿌리내리고 있었다. 마틴 부버(M. Buber)는 이스라엘의 가나안 정착 과정에서 일어나는 모든 현상을 종교발전사적인 의미로 연구한 결과 바알은 관념적인 신이 아니라 가나안의 농지 소유주(Eigner)로서 농사를 성공시키는 실제적인 일을 하고 있는 신으로 숭배되고 있었다고 한다. 그러므로 가나안에 정착한 이스라엘이 목축업을 포기하고 농사를 짓는 과정에 농경문화에 젖어들면서 바알 신앙을 접했을 것으로 보인다. 실제로 가나안의 많은 도시들은 그들이 섬기는 신의 이름을 가지고 있었으며 그 가운데 일부 도시는 야웨 신앙으로 탈바꿈하기도 했다. 예를 들면 여룹바알(「사사기」 6 : 32), 이스바알(「사무엘하」 2 : 8), 므립바알(「역대상」 8 : 34)과 같은 도시들은 모두 바알과 관계된 이름들인데, 이 땅들의 지명은 가나안 정복이 끝난 후에 지어진 것이어서 당시에 얼마나 많은 사람들이 바알 숭배에 빠져 있었는가를 알게 해주는 좋은 증거가 된다.

가나안 정착 후 오랫동안 바알 숭배에 빠져 있는 이스라엘을 발견하기란 그리 어려운 일이 아니다. 특히 「사사기」를 보면 불신앙과 불순종의 악순환 뒤에는 반드시 우상 숭배가 있었는데 그 대표적인 우상이 바로 바알이었다. 이러한 혼합주의적 바알 숭배는 시간이 갈수록 격화되어서 기원전 5세기에 나일 강변의 히브리인 식민지인 엘레판틴(Elephantine)에서 발견된 도자기 파편에 의하면 이미 앞에서 언급한 바와 같이 아세라를 야웨의 부인으로 묘사할 정도로 그 심각성이 깊어진다.

특히 기원전 9세기 용병 출신으로서 이스라엘의 왕이 되었던 오므리(기원전 876~869년)는 페니키아와 깊은 유대를 가지는 과정에서 바알 숭배와 야웨 숭배를 혼합하기에 이른다(「열왕기상」 16장 참조). 그가 이렇게 한 이유는 주변 국가들과 연맹을 맺기 위함이었을 것이다. 즉, 앗수르의 위험을 극복하기 위해서 유다와 페니키아의 동맹이 필요했을 것으로 보인다. 비록 「신명기」 사가는 이 사실에 대해서 신랄하게 비판하고 있지만 정치적인 수단이 뛰어났던 오므리의 이러한 종교혼합주의적인 정책은 매우 시의적절한 것이었음을 부인할 수는 없을 것이다. 더구나 그의 부인인 이세벨은 수도 사마리아에 바알 신전을 건립하고 바알 신앙을 국교로 선포했다. 북왕국 이스라엘의 제8대 왕인 아하시야는 바알세불에게 국사를 논했으며(「열왕기하」 1 : 2-5), 점차 바알 신앙이 일반화되어서 이방신을 총칭하는 복수(複數) 단어로 사용되기도 했다(「사무엘상」 7 : 4). 이러한 현상은 기원전 8세기에 본격적으로 시작되었는데 예언자 호세아에 의하면 사람들이 실제로 바알의 이름을 부르며 풍요와 다산을 위한 제사를 지냈다고 한다.

　바알 숭배와 함께 필연적으로 들어온 아세라 숭배 역시 심각한 문제였다. 성전 안에는 이미 성적인 제의를 상징하는 거칠게 다듬은 돌기둥들과(「출애굽기」 23 : 24, 「신명기」 16 : 21) 나무를 깎아 만든 기둥들이 있었는데 이것은 아마 남근(男根)을 상징하는 것으로 추측된다. 특히 「신명기」 28장 4절에서는 '너의 몸에서 난 것, 즉 소의 새끼 너의 아스다롯(עשתרות)'이라는 표현이 나타나는데 이것은 동물의 새끼를 가지게 하는 축복은 아스다롯이 주는 것이라는 당시의 일상적인 신앙행위를 그대로 반영하는 것이라고 할 수 있다.

사사 시대는 바알 숭배가 가장 극렬했던 시기이기도 하다. 가나안 정착 초기, 아직까지 야웨 종교를 지지해줄 강력한 정치적인 뒷받침이 없을 때 백성들은 가나안 원주민들이 섬기던 바알을 자연스럽게 섬기기 시작했다. 사사 기드온의 아버지가 바알과 아세라를 위한 단을 세웠으며(「사사기」 6 : 25), 기드온 자신도 '여룹바알'이라는 별명을 가지기도 했다. 그리고 사사가 죽으면 바알을 숭배하고, 또 다른 사사가 바알을 척결하고, 그 사사가 죽으면 또 바알을 숭배하는 식의 악순환이 거듭되었다.

다윗 왕은 이스보셋을 죽인 자를 처형하고 난 후에 이스라엘의 모든 지파들 앞에서 왕으로 추대되었다. 다윗(대략 기원전 1006~967년)은 헤브론에서 7년 6개월, 예루살렘에서 삼십삼 년을 다스렸다고 한다. 이스라엘의 왕으로 등극한 다윗은 수도를 예루살렘으로 정하기 위해서 시온산을 공략하여 그곳을 개인산성으로 만들었다(「사무엘하」 5 : 6-10). 그런데 다윗이 원래 여부스 족속이 살고 있던 예루살렘을 수도로 정함으로써 가나안 종교, 즉 바알 숭배가 예루살렘으로 유입되는 결과를 가져왔다. 그가 수도를 예루살렘으로 정한 것은 북쪽과 남쪽 모두를 효과적으로 다스리기 위함이있는데 정치적으로는 목적을 달성했으나 종교적인 타락을 가속화시키는 결과를 가져오고 말았다.

그리고 다윗의 아들 솔로몬이 그의 아내들을 위하여 성전을 지어주고 왕국을 지어주었는데 그 과정 속에서도 바알 종교와 아세라 종교가 많이 유입되는 결과를 낳았다. 물론 성서 기자는 솔로몬의 치적 중에 가장 위대한 것을 바로 성전을 건축한 일로 보고 있다. 성전 건축은 그의 아비 다윗부터 가지고 있던 꿈이었는데 그 꿈이 드디어 솔로몬의 시대에 이루어진 것이다. 솔로몬의 성전 건축은 법궤에만 머무르는 하나님을 공식적인 자리에서 만날 수 있게 하였으며 광야 생활 동안 가지고 있었던 제의를 안정되게 실천할 수 있는 계기가 되기도 했다. 이스라엘 백성들은 정해진 절기에 성전에 와서 야웨를 뵐 수 있었으며 모든 제의의 중심지가 생기게 되었다. 그러나 과연 성전 건축이 긍정적인 효과만 가져온 것일까 하는 데는 상당한 의문이 제기되고 있다. 뿐만 아니라 솔로몬의 성전 건축은 바알 숭배를 위한 길을 열어 놓는 결과를 초래했다는 지적을 피할 수 없을 것이다. 그 이유로는 우선 건축의 주된 노동력이나 기술자가 두로에서부터 왔다는 것이다. 솔로몬은 두로에서 백향목을 수입하기로 하고 왕인 히람과 계약을 맺었다. 이로 인해서 백성들은 두로에까지 가서 나무를 운반해야 하는 강제 노동에 시달렸으며, 히람의 건축 기술자들이 와서 성전을 지으면서 성전의 양식을 바알 신전과 흡사하게 짓는가 하면, 그들이 바알 숭배의식을 직접 가지고 옴으로써 이스라엘에 바알 숭배의식이 자리 잡게 된 직접적인 원인이 되었다.

예루살렘 성전은 성전 뜰과 성소, 그리고 지성소로 이루어져 있는데 이와 거의 유사한 건축물들이 갈릴리 지방에 있는 하솔 지역에 설립된 사실이 최근에 발견되었으며, 그것은 예루살렘 성전의 양식과 거의 일치하고 있다. 성전 마당에는 제의에 사용되는 물(聖水)을 저장하는 물탱크가 있는데 12마리의 황소가 그것을 떠받치고 있었다(「열왕기상」7 : 23-25). 바알의 상징인 송아지상이 성전에 있는 것은 여로보암이 송아지상을 만들고 야웨라고 소개하는 것과 유사하다 하겠다.(「열왕기상」 12 : 25-33)

결과적으로 솔로몬은 야웨를 위해서 성전을 건축하기는 했으나 그와 함께 들어온 바알 숭배에 이스라엘을 빠뜨리게 되는 과오를 범했을 뿐만 아니라 성전 건축을 위해서 국고를 다 탕진했기 때문에 국가의 재정은 바닥나고, 오히려 외국에서 돈을 빌리는 현상이 일어났다. 그는 다윗이 이루어 놓은 업적을 아주 짧은 시간에 탕진해버린 것이었다.

솔로몬은 막대한 돈을 들여서 성전을 건축하였을 뿐만 아니라 왕궁을 짓기 위해서 13년의 세월과 엄청난 돈을 낭비하고 말았다. 솔로몬은 이미 그의 사치가 극에 달해 있었다. 솔로몬의 하루 식사량을 기록한 「열왕기상」4장 21-25절의 내용을 보면, 당시 그의 하루 식사에 소용되는 음식의 양은 밀가루 삼십 석, 살진 소 열 마리, 그리고 수사슴과 암사슴 등을 비롯한 노루와 각종 새들로 가득 찼다고 한다. 또한 그의 기마병이 12,000명이요, 외양간만 해도 40,000개나 있었다고 한다.

이렇게 이미 사치의 극을 달리고 있던 솔로몬은 성전에 버금가는 돈을 투자해서 두로의 히람으로 하여금 왕궁을 건축하게 하였다. 그리고 그 궁정 안에 파라오의 딸을 맞이하기 위한 거처를 마련하였는데(「열왕기상」7 : 1-51) 이 솔로몬의 궁전에는 사자상이 새겨져 있었다(「열왕기상」7 : 36). 이것은 가나안의 종교가 이미 유입되었기 때문으로 보인다. 고대 가나안에서는 여신 아세라가 흔히 사자의 모습으로 표현되었는데 이와 같은 고고학적 자료가 여러 곳에서 발견되었다.

이러한 솔로몬의 정치는 결과적으로 경제적인 면뿐만 아니라 종교적인 타락과 방종을 가져왔다. 우선 그는 천 명이 넘는 그의 처(妻)들을 위해서 왕궁뿐만 아니라 신전을 건축해주었다. 그는 결혼 정책을 통해서 평화를 유지하려고 했기 때문에 주변 강대국들과 결혼 동맹을 맺어야만 했다. 그 과정에서 아내들은 그들이 섬기는 우상들도 가지고 와서 이스라엘을 우상숭배에 빠뜨리는 결과를 초래했다. 특히 솔로몬은 대외무역에 힘썼는데 그 과정에서 많은 이방여인과 결혼함으로써 야웨 신앙을 혼탁하게 하기도 했다. 외국에서 온 솔로몬의 여인들은 각각 그들의 신을 섬겼는데 시돈의 여신 아스다롯, 암몬의 밀곰과 몰록, 모압의 그모스 신이 합법적으로 솔로몬의 왕궁으로 흘러 들어오게 되었으며 그 결과 우상 숭배는 일반 백성들 사이에서도 보편적인 것이 되었다. 이 모든 일련의 과정들은 애초에 솔로몬이 바알을 숭배할 수밖에 없는 상황에 이르렀기 때문에 파생된 문제들이다.

특히 기원전 7세기에 기록된 「예레미아서」를 보면 바알 숭배를 위한 단이 얼마나 되는지 그 구체적인 숫자에 대해서 언급하고 있는 것을 볼 수 있다.

> "유다야, 네 신들이 네 성읍의 수효와 같도다. 너희가 예루살렘 거리의 수효대로 바알에게 분향하는 단을 쌓았도다." (「예레미야」 11 : 13)

여기서 예루살렘 성읍의 수효에 대한 정확한 언급은 없지만 바알 숭배를 위한 제단의 숫자가 그만큼 많다는 것을 강조하고자 한 것으로 보인다.

또 한 가지 특이한 통계가 있는데 그것은 바알이라고 하는 이름이 들어간 구약성서에 나타나는 이름을 분석한 것이다. 통계적으로 성서에 나타난 왕정 시대 유다 왕국의 466개 이름 가운데 89%인 413개가 야웨와 관련된 이름을 쓰고, 나머지 11%인 53개가 '엘'이나 '바알' 등 다른 신들의 이름을 사용하고 있다는 것이다. 그 대신 왕국 초기의 왕들인 사울이나 다윗, 솔로몬 그리고 르호보암과 같은 사람들의 이름에는 야웨와 관련된 이름을 발견할 수 없다고 한다. 보통 일반인일 때는 부모에 의해서 주어진 이름을 사용하지만 왕이 되고 나면 새로운 이름이 주어지는데 반하여 이들의 이름에서는 야웨와 관련된 그 어떤 의미도 발견할 수 없다는 것이다. 물론 이것이 정확한 통계를 말해주는 것은 아니지만 어쩌면 고대 이스라엘 사람들은 야웨보다는 바알과 더 친숙한 이미지를 가지고 있었을지도 모른다는 것을 추측하게 만든다. 결국 이러한 사실들로 미루어 볼 때, 이스라엘이 바알 종교로부터 받은 종교적 영향은 매우 깊숙하면서도 광범위하게 퍼져 있었음을 알 수 있다.

갈멜 산에서의 전투

구약성서에서 바알 숭배와 야웨주의자들 간의 가장 극명한 대결에 대한 기록을 들라고 하면 「열왕기상」 18장에 나타나는 갈멜 산에서의 대결을 들 수 있다. 그 당시 이스라엘의 왕은 당대의 가장 강력한 군주였던 오므리의 아들인 아합(Ahab)이었으며 그 부인은 시돈에서 온 이세벨이었다. 시돈은 바알 숭배의 본산지로서, 이세벨은 바알 숭배를 공식적으로 이스라엘 안에 가져온 장본인이었다. 그들은 맨 먼저 사마리아에 바알을 위한 신전을 건축하였으며, 그 안에 바알 신상을 두고 아세라 목상(木像)을 두었으며 바알 숭배를 이스라엘의 공식종교로 삼으려는 노력을 했다. 그러나 야웨주의자인 엘리야와 바알과 아세라 종교의 사제들이 벌인 갈멜 산 전투에서 결정적인 패배를 함으로써 그 운명을 다했다. 그렇다면 갈멜 산에서의 전투는 무엇인가?

바알 숭배가 한창 기승을 부리던 기원전 9세기 말 무렵, 당시 이스라엘의 왕은 아합이었다. 아합은 22년 동안 이스라엘을 다스렸는데 구약성서 「열왕기상」 16장 30절에서는 "아합이 그 전의 모든 사람보다 야웨 보시기에 악을 더욱 행했다"라고 그에 대해서 소개하고 있다. 그러면 그가 행한 악이 무엇이었는가? 그것은 바로 그의 부인인 시돈(Sidonians)의 왕 '엣바알(바알과 함께)'의 딸 이세벨(Jezebel)과 함께 바알 숭배를 공식화하고, 바알을 위한 신전을 짓는 등 일련의 바알 숭배를 위한 개혁을 단행한 일이다. 뿐만 아니라 바알의 아내인 아세라 여신을 위한 신전도 함께 만들었으며 이 두 신을 위한 숭배를 강요하였다. 이때 야웨주의자들은 심한 박해를 받았으며, 이러한 현실을 본 디셉(Tishbite) 사람 엘리야가 야웨께 회개하지 않으면 몇 년 동안 가뭄이 계속될 것이라는 예언을 했다. 그리고 그는 아합과 이세벨의 박해를 피해서 그릿 시냇가에 숨어버렸다. 이러한 현실을 타개하기 위해서, 박해를 피해서 요르단 그릿 시냇가에 숨어있던 엘리야에게 야웨의 말씀이 임했다.

가뭄을 예언한 지 3년째 되던 해, 엘리야는 아합에게 나타난다. 그리고 엘리야가 갈멜(Carmel) 산에서 바알의 사제들과 종교적인 대결을 벌이자는 제의를 한다. 그 제의 내용은 다음과 같다. 우선 갈멜 산에 각각 제단을 쌓고 제물을 올려놓은 후, 다시 그 제단 주위에 고랑을 파서 물을 가득 붓고 각각 자기의 신의 이름을 불러서 그 신이 하늘에서 불을 내려 그 제물을 불태우면 그 신이 참 신이고 나머지 신은 참 신이 아닌 것으로 간주하자는 것이었다. 아합은 이에 기꺼이 동의를 했고 바알의 사제 450명과 엘리야의 450대 1의 대결이 시작되었다. 누가 봐도 상대가 되지 않는 싸움이었다. 450명은 수적으로도 그렇고, 또 당시 국가 종교(Royal Religion)의 사제들이 아닌가? 많은 구경꾼들이 갈멜 산으로 모였다. 그리고 누가 참 신이며 거짓 신인지가 밝혀지기를 기다리고 있었다.

먼저 바알의 사제들이 제단을 만들고 제단 주위에 도랑을 판 후 물을 붓고 바알 숭배의식에서 본 바와 같은 광란의 의식을 치르기 시작했다. 그들은 송아지를 잡고 그 송아지를 제단 위에 올려놓은 후 바알의 이름을 부르며 그 단 주위에서 춤을 추고 그 신을 부르는 의식(invocation)을 치렀다. 그러나 바알은 응답이 없었다. 아침부터 시작한 이 의식은 저녁 늦게까지 계속되었으나 그들의 신은 묵묵부답이었다. 엘리야는 그들을 조롱하기 시작했다. 이 말에 그들은 더욱 더 광분해서 기도하기 시작했고 마침내 온몸에 상처를 내면서 피의 의식을 치르기 시작했다. 성서는 온몸에 피가 흐르기까지 창과 칼로 그들의 몸을 상하게 했다고 전한다(「열왕기상」 18 : 28). 이와 유사한 종교적인 행위는 미분화된 사회에서는 흔히 발견되는 것이다. 이 행위는 자신의 몸에 피를 냄으로써 신으로부터 동정을 사고 자신의 충절을 보여주기 위한 것이다. 그러나 이러한 광란의 기도에도 불구하고 그들의 신은 역시 묵묵부답이었다. 바알의 실체가 드러나는 순간이었다. 바알은 완전히 패배한 것이다. 순간 온 백성들의 시선은 엘리야에게로 쏠리기 시작했다.

이번에는 엘리야의 차례다. 그는 온 백성들을 불러서 야곱의 열두 아들들의 숫자에 따라서 열두 개의 돌을 가지고 무너진 야웨의 단을 다시 쌓고 큰 도랑을 다시 팠다. 그리고 그 도랑에 물을 가득 붓고 나무를 놓고 송아지를 잡아서 그 나무 위에 올려놓았다. 그 다음 그는 큰 통에 물을 가득 채워서 네 번씩이나 제물과 도랑에 가득 부었다. 이것은 혹시 엘리야가 술수를 썼다고 하는 비난의 꼬투리를 잡히지 않기 위한 행동이었다. 그리고 그는 야웨의 이름을 부르며 기도하기 시작했다. 엘리야의 기도는 바알의 사제들과는 달리 조용하게, 그러나 매우 단호한 어조로 드려졌다. 그는 그들 조상의 하나님의 이름을 부르면서 엘리야가 3년 전에 아합 왕과 백성들에게 가뭄이 있을 것이라는 예언을 한 것이 이루어지는 것을 온 백성들이 봄으로써 야웨의 이름이 영광스러워지게 해달라는 기도를 드렸다. 그는 기도를 위한 의식적인 행위를 하지도 않았으며 온몸에 상처를 내거나 광란의 춤을 추지도 않았다. 다만 그는 야웨께서 응답해달라는 기도를 드렸을 뿐이다. 그런데 엘리야의 기도가 끝나자마자 야웨의 불이 하늘로부터 내려와 온 제물을 태웠을 뿐만 아니라 도랑의 물까지도 완전히 말려버렸다. 야웨의 완전한 승리다. 야웨는 살아 계신 신이요 바알은 거짓 신임이 밝혀졌다. 그리고 온 백성은 야웨의 전능하심을 인정하고 환호를 질렀다. 엘리야는 온 백성들에게 바알의 사제들은 한 사람도 남기지 말고 다 죽이라는 명령을 내린다. 야웨의 기적을 본 백성들은 여지껏 그들을 속여 온 바알의 사제들을 다 죽이기 시작했다. 그리고 그 날 엘리야의 기도가 끝난 후 하늘에서 작은 구름이 일어나더니 곧 큰 비가 되어서 온 대지를 향해서 쏟아지기 시작했다. 엘리야의 기도가 응답되었을 뿐만 아니라 야웨의 전능하심을 나타내고 바알의 거짓됨을 밝혀 낸 사건이 바로 갈멜 산에서의 전쟁이었다.

물론 이 기사는 우리가 쉽게 받아들이기에는 매우 어려운 문제점들이 있다. 그러나 「열왕기서」의 저자는 이 기록을 통해서 기원전 9세기의 암울한 종교적 상황을 반전시키고 야웨만이 참 하나님이심을 나타내려는 의도를 가지고 있었다. 이 사건은 이스라엘의 예언자들이 바알 숭배를 어떻게 여기고 있었는가를 보여주는 가장 좋은 이야기라고 본다. 이 이야기에서 우리는 야웨와 바알을 극단적으로 대비시킴으로써 바알 숭배에 빠져 있던 당대의 사람들에게 우상 숭배의 그릇됨을 지적하려는 의도가 들어 있음을 알 수 있다.

가나안과 이스라엘 종교의 유사성

이미 우리가 앞에서 본 바와 같이 이스라엘은 가나안의 한 접경이었으므로 가나안과 문화적 접촉을 많이 한 것을 알 수 있다. 그러므로 일상적인 생활뿐만 아니라 종교적인 면에 있어서도 매우 유사한 면을 가지고 있다. 사실 엄밀하게 말하면 고대 사회에서 종교와 생활은 별개의 것이 아니라 상호 관련이 있는 것일 수밖에 없었다. 즉, 그들은 생활에서 가장 절실하게 요구되는 문제들에 대한 해답을 종교에서 찾았던 것이다. 그러므로 원시 사회의 종교일수록 그 행위나 강조점이 단순할 수밖에 없었고 일상적인 생활 속에서도 쉽게 보여지는 것이었다. 그 내용은 다음과 같다.

다산(Fertility)의 종교이다

다산은 근동 사회에 있어서 핵심적인 종교현상 중의 하나
이다. 자식이 많다는 것은 유목민 사회나 농경 사회 모두에서
큰 재산을 소유하는 것이다. 자식은 농사를 지을 때 큰 자산이
되기도 하지만 부족 간의 전쟁이나 소유권 다툼을 할 때도 매
우 중요한 부분이다. 그러므로 바알 숭배에 있어서 다산을 기
원하는 성적인 교접은 매우 중요한 의식 가운데 하나로 취급
되었다. 이 다산에 대한 종교적인 경향에 대한 언급은「창세
기」1장 28절에서 볼 수 있다. 곧 "생육하고 번성하여 땅에
충만하라"는 것이다. 소위 '제사장 문서(Priestly code)'의 전승
에 따르면 이것이 하나님이 인간에게 하신 첫 번째 말씀이다.
또 '여호와 문서(Jehovah code)'의 창조 이야기에는 천지창조
후 선악을 알게 하는 거룩한 나무를 만들었고 선악을 알게 하
는 나무의 열매를 먹지 않으면 영원히 그 땅에서 번성하며 살
수 있다고 했는데 이런 종류의 이야기는 근동 종교 사회에서
는 흔히 있는 이야기이다. 심지어 급진적인 학자들 가운데 어
떤 사람은 이것이 이 두 본문의 저자가 가나안의 다산의 종교
에 대하여 언급하고 있는 대목이라고 말하기도 한다. 그러나
이 본문이 기록되었을 것으로 추정되는 기원전 15세기에 이스
라엘이 바알 숭배로 인한 피해를 입었다는 직접적인 언급이
없는 것으로 보아서 가나안의 종교적 다산을 경계하거나 그것
을 모방하기 위해서 본문을 기록했다고 볼 만한 증거가 부족

하다. 다만 고대인들에게 있어서 가장 기본적인 욕구인 다산이 인류에게 주신 하나님의 축복으로 여겨지고 있다는 점에서 성서의 이 명령과 고대 근동의 모든 종교에서 열망하고 있는 다산의 소망은 그 의미가 유사하다고 할 수 있다.

우가릿에서 아틸랏은 엘의 배우자이다. 엘은 신들의 아버지라고 불리고 아세라는 신들을 낳은 신들의 어머니라고 불린다. 아틸랏의 역할을 수행했을 것으로 보이는 아세라는 구약성서에서 바알의 협력자로 나타난다(「사사기」 3 : 7, 「열왕기상」 8 : 19, 「열왕기하」 23 : 4 등). 이 아세라가 다산을 위한 신이었음을 우리는 이미 알고 있다. 심지어 오므리 왕조 기간에 바알 숭배는 북왕국의 공식적인 국가 종교였다. 그렇다면 이 기간동안 적어도 대부분의 사람들이 바알 숭배를 했을 것이며 다산을 위한 행위를 했을 것이라는 추측을 해볼 수 있다. 그 외에도 여로보함의 금송아지(「열왕기상」 12 : 28)는 이스라엘의 종교혼합주의를 보여준다. 이것은 쿤틸렛 아즈루드(Kuntillet Ajrud)에서 아세라를 야웨의 아내 혹은 적어도 협력자로 해석할 수 있는 여력을 남겼다. 이런 관점에서 볼 때, 종교혼합주의 상태 아래에서 야웨는 아주 오랫동안 지방 성소에서 풍요의 여신인 아세라와 함께 숭배되었음을 알 수 있다. 즉 야웨는 바알의 역할을 하는 동시에 아세라와의 성적인 접촉을 통해서 다산의 축복을 주는 존재로까지 인식되었을 것이라는 조심스러운 추측을 해볼 수 있다. 바알과 야웨의 존재가 혼재되어 숭배되어 온 그 시대에 야웨도 생산을 보장하는 바알과 같은 신

세였음을 알 수 있다.

성막과 성전이 유사하다

우리는 「출애굽기」와 「레위기」에 나타난 성막(聖幕)에 대한 기사를 보면서 마치 바알 신전에 대한 묘사를 보고 있는 듯한 착각을 하게 된다. 그 이유로는 소위 제사장 문서의 성막 기사가 시리아-페니키아의 양식을 원형으로 보고 있다는 데 있다. 성막의 구조 중에 성소와 지성소로 나누어지고 성막 앞에 두 기둥이 서 있는 모양은 가나안의 바알 신전의 구조와 거의 유사한 형태이다. 그리고 이것은 솔로몬 성전의 모형이 되었다. 그 증거가 시리아의 텔 타이낫(tel Tainat)에서 발견되었다. 솔로몬 시대 히람의 전형적인 건축양식으로 보이는 바알을 위한 이 신전은 솔로몬 성전과 매우 흡사한 것으로 증명되었다. 솔로몬 성전에 있는 두 개의 기둥인 야긴과 보하스와 유사한 기둥들이 바알 신전의 구조에서도 발견되어진다. 그 이유에 대해서는 이미 앞에서 설명한 바와 같이 이 성전을 설계하고 건축을 주도한 사람이 그 당시 바알 숭배의 진원지였던 페니키아에서 온 사람들이었기 때문이다. 물론 그 당시 가장 좋은 재료인 백향목은 페니키아 산지에서만 구할 수 있었고, 그것을 이스라엘 해안까지 옮기는 데는 페니키아인들의 도움이 절대적이었다는 요인이 있다. 그러나 그보다 더 중대한 이유는 이스라엘의 해외무역이 '다시스 상선대'라고 불리는 페니키아의 해운회사에 깊이 의존해 있었기 때문이다. 성전과 궁궐을 짓는 과정 중에 바알 신앙을 가지고 있었던 인부들의 종교행위를 위한 성전이 지어졌을 것이며, 그들의 바알 숭배의식은 공적으로 진행되었을 것이다. 또한 이러한 과정을 통해서 이미 바알과 아세라 숭배사상이 깊숙이 들어와 있던 이스라엘의 바알 숭배의식은 더욱더 가속화되었을 것이다. 그리고 실로암에 있는 성전은 중앙 성소로 이해되어지는데 구약성서에서 이런 텐트는 야웨의 집이나 신탁의 장소로 소개되었다. 이것은 가나안의 주신인 엘이 텐트와 성막에 살았다는 가나안 문학의 증거와 유사한 부분이다. 또한 이것은 이스라엘이 공식적인 성전을 짓기 전에 있었던 텐트 성전이 가나안 이동식 성전과 매우 유사하다는 것을 의미한다.

종교적인 의식이 유사하다

송아지 숭배는 가나안과 이스라엘의 보편적인 종교의식 중의 하나였다. 여로보함이 북왕국을 건설하고 벧엘과 단에 송아지상을 세웠다. 그리고 백성들을 향해서 "이것이 너희를 인도하신 야웨다"라고 선언을 했으며 또 백성들은 이것을 그대로 믿은 것 같다. 물론 이것에는 예루살렘을 향해서 예배하러 가는 사람들을 막으려는 정치적인 복선이 깔려 있기는 하지만 그 당시의 대부분의 백성들은 가나안의 영향권 아래에서 송아지가 야웨를 상징하는 상(像)이라고 하는 사실에 대해 의심 없이 믿은 것 같다. 아론도 모세가 시내 산으로 올라갔을 때 백성들의 요구에 따라서 금송아지를 만들고 "이것이 너희를 애굽에서 인도하신 야웨다"라고 선언했다(「출애굽기」 32장). 그리고 이 사실에 대해서 백성들의 반발이나 동요가 없이 유월절 행사를 치렀다는 성서의 기록을 통해서 볼 때, 백성들은 송아지가 야웨를 상징하는 것이라는 사실을 믿었던 것으로 보인다. 이러한 사실들로 미루어 볼 때 송아지 숭배는 야웨나 바알을 상징하는 것과 같은 동등한 신적인 권위를 상징하는 존재로 받아들여졌음이 틀림없어 보인다.

아미하 마자르(Amihai Mazar)에 따르면 송아지 숭배는 기원전 2세기경에 가장 널리 퍼진 종교현상이었다고 한다. 므깃도, 벧샤암, 텔 에스 사디에(Tell es saidiyeh) 등에서 발견된 증거에 따르면 가나안의 청동 송아지 입상은 이스라엘에 의해서 사용되었다고 한다. 송아지 입상은 성소(Bamah)에서 발견되었다. 성서에서 바마(Bamah)라는 용어는 '성소'로 번역하고 있다. 이것은 산이나 언덕 위에 있는 공개된 제단을 말한다(「열왕기상」 14 : 23, 「열왕기하」 17 : 9-11, 23 : 13-14, 18 : 20, 29). 이곳에서 바알 숭배의식이 치러졌고, 이러한 의식에 대한 일반인들의 인식이 보편적으로 확산되어서 야웨께 제사를 드리는 성전도 '바마'라고 불렀을 것으로 여겨진다.

이 성소는 가나안과 이스라엘에서 종교적인 의미의 상징물이다. 북 사마리아에 있는 산등성이의 꼭대기에 위치한 '송아지 숭배터'를 발굴함에 있어서 바자르는 요리단지의 테두리,

둥근 접시 몇 개, 병의 목 부분 그리고 얕은 접시의 둥근 원판을 발굴했다. 발굴 후에 그는 그것이 철기 시대(기원전 약 1200년)의 것이라고 결론을 내렸다. 이 시대는 이스라엘이 이집트에서 나와 가나안에 정착을 한 지 약 250년이 지난 시점으로서 사사 시대가 막바지를 달리고 있을 때였다. 사사(Judge)라 함은 '재판관'을 의미한다. 이스라엘이 가나안에 들어간 후 약 250년 동안에는 왕이나 정치적 지도자가 없고, 대신 사사라고 불리는 종교적 지도자가 있었을 뿐인데 이 시대를 일컬어서 사사 시대라고 한다. 이 사사 시대에 이스라엘이 야웨의 심판을 받은 가장 중요한 죄목이 바로 바알 숭배다. 그래서 그는 오렐 브로쉬(Orer Broshi)에 의해서 발굴된 청동 송아지 입상과 더불어 위의 고고학적 발견물들은 므낫세 부족이 사사 시대에 종교적인 의식에 사용했을 것이라는 결론을 내렸다.

프레이저(J. G. Frazer)라고 하는 종교학자에 의하면 '언덕 위에 있는 신성한 장소'에 대한 이런 종류의 이야기는 다른 많은 종교에서도 쉽게 발견되어진다고 했다. 그 이유는 보편적으로 언덕 위에는 대개 신성한 숲이 있고 그 안에는 수호신들이 살고 있다고 믿었기 때문으로 보았다. 그러나 반드시 그렇게 보지 않더라도 언덕 위에 있는 성소에 대한 숭배사상은 보편적으로 고대인들에게는 신비한 장소에 대한 경외 사상이 있었음을 말해주는 것이라고 볼 수 있다.

결론적으로 야웨주의를 건설하는 과정에서 이스라엘은 가나안의 여러 가지 종교적인 의식을 선택했을 것이다. 그리고 그것이 이스라엘의 종교적인 삶으로 토착화되었다고 볼 수 있다. 롤랑 드보라고 하는 종교학자는 "이스라엘이 가나안으로부터 종교적 의식 전부를 가지고 오지는 않았으나 적어도 메소포타미아와 아라비아보다 가나안의 종교의식에 더 가깝다"고 결론을 내렸다. 이것은 매우 적절한 지적으로 보인다. 이 말은 가나안의 종교적 양식과 제의가 이스라엘의 종교적 양식과 제의에 많은 영향을 미쳤다는 것을 의미한다. 야웨주의의 위대성은 그러한 가나안의 제의와 종교행위를 야웨를 위한 제의에 매우 적절하고 유용하게 토착화했다는 데 있다. 동서고금을 막론하고 타문화와 동떨어져서 독자적으로 발전하는 문화가 어디 있는가? 다만 특정한 문화에 의해서 점령당하지 않고 그 문화적 영향을 적절하게 변형시켜 토착화시키는 것이 중요할 뿐이다. 야위스트들은 이러한 면에서 야웨주의를 보호하면서도 고대 근동의 종교적 유산을 적절하게 토착화한 지혜로운 사람들이라고 볼 수 있다.

바알 종교가 유대에 미친 영향

우가릿 서판이 발견되기 전에는 바알이라는 이름을 가진 각기 다른 신들이 편재해 있었다고 생각했었다. 그러나 우가릿 서판의 발견으로 고대 근동에 많이 있는 바알이라는 이름이 가나안의 바알에서 연유된 것임을 알게 되었고, 특히 구약성서에 나오는 바알 이야기도 가나안의 바알 신화에서 영향을 받은 것들이라는 사실을 알게 되었다. 구약성서에서는 바알에 대한 이야기를 오랜 기간에 걸쳐서 언급하고 있다. 이 바알을 여러 다른 지방신으로 볼 것인지, 아니면 가나안 신들을 일반적으로 그렇게 부르는지는 확실하지 않다. 역시 아스다롯(아낫)에 대해서도 마찬가지이다. 지역적인 신인지 아니면 가나안의 여신들을 일반적으로 그렇게 부르는지 확실하지 않다. 그러나 이스라엘의 야웨 숭배에 있어서 가장 위협적으로 다가온 것이 바로 바알 숭배임은 의심의 여지가 없다. 앞서 언급했지만 이스라엘의 문화권은 가나안이었다. 그래서 종교적으로서가 아니더라도, 준 농경문화의 삶을 사는 이스라엘은 바알 숭배에 대한 개념을 우상이라는 개념보다는 생활의식의 일부로 보았을 것이다. 그러므로 야웨에 대한 숭배의식과 바알 숭배 의식 사이에 많은 인식의 공통점을 가지고 있었을 것이다. 따라서, 구약성서에서 야웨에 대한 표현이 바알에 대한 표현과 매우 유사한 부분이 있음을 발견할 수 있다.

예를 들어 「시편」 104편 3-4절의 내용을 보면 "물 위에 궁궐을 높이 지으시고 구름으로 병거를 삼으시고 바람 날개를 타고 다니시며, 바람을 시켜 명령을 전하시고, 번갯불에게 심부름을 시키시는도다"라는 표현이 나타나는데 이 표현은 비와 바람을 다스리시는 바알의 기능을 그대로 표현해놓은 것 같은 인상을 주기도 한다. 또한 바알이 바다를 정복한 것과 같이 야웨도 바다를 이겼다는 기사를 「욥기」 26장 12-13절에서 발견할 수 있다. 또, "그의 힘은 바다를 잠잠케 하셨고 그의 슬기

는 라합을 쳐부수셨네. 그의 콧김으로 하늘은 개고 레비아단
은 도망치다가 그의 손에 찔려 죽었네"라는 표현들은 구약성
서 여러 곳에서 발견되어진다. 다음은 성서에 나오는 야웨의
기능과 가나안 종교의 바알의 기능을 비교한 표이다. 그 유사
성 및 차이점을 연구해보자.

순서	우가릿 문헌의 바알	구약성서와의 유사점 비교
1	바알의 이름이 '폭풍의 신'이다.	"구름으로 자기 수레를 삼으시고 바람 날개로 다니시며, 바람으로 자기 사자를 삼으시고" (「시편」 104 : 3-4)
2	바알이 바다를 물리침.	"권능으로 바다를 흉융케 하시며" (「욥기」 26 : 12-13)
3	바알의 적수인 해신(海神)이 통치자 바다와 심판자 강이라는 이중적인 호칭의 의미	이스라엘이 출애굽 시 정복한 물(홍해)에 적용이 된다. "바다는 이스라엘을 보고 도망했다." (「시편」 114 : 3)
4	바알의 궁전이 가나안의 전형적인 모델이다. 그리고 백향목으로 지어졌다.	솔로몬의 왕궁도 레바논의 백향목으로 지어졌다. 그리고 솔로몬의 성전도 페니키아인들이 건축했으므로 바알의 신전과 유사한 것이다.
5	가나안에서는 왕궁과 성전을 나란히 지음으로써 신이 그 왕조와 동맹을 맺고 있음을 상징했다.	솔로몬의 성전과 왕궁이 나란히 있음으로 해서 야웨께서 다윗 왕조와 동맹을 맺고 있다는 것을 암시함.
6	바알이 집을 완공한 후에 신들을 초대하여 집을 완공한 것을 찬양했다.	솔로몬이 성전 봉헌기도를 드린 후 기도를 드렸다. (「열왕기상」 8 : 36 참조)

81

7	바알이 자기의 집에 창문을 내는 것을 두려워 함, 이것은 죽음이 창을 통해서 넘어온다는 고대의 통속화된 미신이었다.	"대저 사망이 우리 창문에 올라오며, 우리 궁실에 들어오며……."(「예레미야」 9 : 21)
8	바알과 아캇이 싸운 후 아캇이 죽자 바알을 향해서 내뱉는 다넬의 저주. "바알이 칠 년간 패하기를 구름 타는 이가 팔 년간 이슬도 없고 소나기도 그쳐라. 두 바나의 합류도 바알의 목소리도 소용이 없으리."	사울과 요나단의 죽음을 애도하는 다윗의 조사도 이와 유사하다. "길보아 산들아 너희 위에 우로가 내리지 아니하며 제물 낼 밭도 없을지어다."(「사무엘하」 1 : 21)
9	칠 일이나 칠 년으로 시간을 세는 것. (풍작과 흉작의 교대주기, 바알의 집을 불사르는 것, 결혼 피로연·다넬의 수태 기원제에서 칠 일째 날에 바알이 신전에서 그를 위해 엘에게 간구함, 칠 년간의 풍년, 칠 년간의 흉년 등)	요셉의 이야기에서 바로가 꿈에서 본 것(칠 년간의 풍년과 칠 년간의 흉년), 「창세기」의 창조기사 중 칠 일간의 창조, 여리고 성 함락은 일곱 명의 제사장이 일곱 나팔을 불며, 마지막 이레째, 일곱 바퀴를 돌았다.
10	우가릿 만신전의 제왕인 '엘'의 이름	「시편」 82편의 '엘로힘'의 '엘'이 어원이 같다. 「사사기」 14장 31절의 하나님 '엘' 「출애굽기」 6장 2-3절의 '엘로힘'과 '엘샤다이'의 '엘'
11	시간의 아버지인 엘	「창세기」 21장 34절의 '영생하시는 하나님'과 유사함
12	바알이라는 이름을 이용한 성서의 이름	다윗의 자녀의 이름 중에 '바알-야다'가 있었다.
13	바알의 현현하는 모습	「출애굽기」 19장 16-18절의 야웨가 시내산에서 현현하는 모습
14	엘이 거처하는 산에서 생수가	「스가랴」 14장 8절에 보면 시

	흘러나옴	온 산에서 생수가 흘러나올 것임을 말함
15	폭풍의 신 바알의 집	시온 산은 바알의 집 자체와 동일시되기도 했다. (「시편」 48 : 2-3)
16	바알이 죽음의 목구멍으로 내려가서 그 이빨에 부서지는 장면	"야웨가 사망을 영원히 삼키리라." (「사사기」 25 : 8)

이상에서 살펴본 바대로 성서의 표현은 가나안의 양태와 너무나도 흡사한 부분이 많이 있다. 심지어 구약성서 「시편」 29편에 나타나는 야웨에 대한 표현이 바알 신화와 너무 흡사한 나머지 이것이 원래는 바알에게 바치는 시였다고 주장하는 학자들도 있다. 그 정도로 표현상의 유사성이 존재하고 있다는 것은 사실 놀랄 만한 일이 아니다. 우리가 이미 수차례 언급한 바와 같은 문화적 연관성과 종교적 상관성을 생각해 보면 성서의 표현이 바알에 대한 표현과 같다는 사실은 무척 자연스럽게 보인다. 사실 구약성서는 가나안 종교의 풍습과 신조에 대해 적대적인 태도로만 일관하고 있기 때문에 그로부터 정확하고 담담한 기술을 얻기란 불가능하다. 그렇지만, 우가릿 서판의 발견으로 많은 상대적인 지식을 얻을 수 있었다. 이스라엘에 바알 종교가 널리 퍼진 한 가지 이유는 이스라엘이 야웨의 속성과 그것들을 표현하는 언어를 가나안에 살면서 자연스럽게 체득된 언어로 사용했기 때문이다. 이것이 곧 이스라엘의 야웨 종교를 혼합주의로 흐르게 한 원인이 되었다. 결

국 야웨 종교는 가나안의 문화권 아래 살면서 거부감 없이 자연스러운 생활의 일부로 다가온 바알 숭배의식의 영향을 받아서 형성된 것으로 보아야 한다.

바알 종교의 종말

바알 종교의 기원을 정확하게 밝혀주는 자료는 없다. 그 대신 이미 앞에서 언급한 바와 같이 바알 신전이 시리아, 팔레스타인에서 발견된 라기스(Ragys)의 후기 청동기 신전과 기원전 3000년경에 세워진 것으로 추정되는 므깃도와 여리고의 신전들이 바알 종교의 역사성을 증명해주는 것들이다. 구약성서는 이스라엘 중심의 역사이기 때문에 바알 종교의 기원에 대해서는 별로 관심을 보이지 않는다. 다만 바알 숭배가 언제 이스라엘에 들어와서 어떻게 전개되었는가에 대해서는 정확한 정보를 주고 있다. 가나안에 진입한 이스라엘의 역사와 함께 바알 종교는 그 역사적 흐름을 같이 했다고 볼 수 있는데, 여기에 대해서는 이미 앞에서 언급한 바가 있다.

그러나 사실 바알 숭배가 언제 사라졌는가에 대한 정확한 언급은 성서에는 나타나지 않는다. 우리가 눈여겨 볼 것은 이스라엘이 바빌론에 의해서 멸망을 당하고 바빌론의 포로로 끌려가고 난 후에는 바알 숭배에 대한 성서의 언급이 없다는 것이다. 바빌론에는 국신(國神)인 마르둑(Marduk)이 있었는데, 식민지의 신들에 대한 의식이 얼마나 활발하게 보장되었는가에 대한 증거를 찾을 수는 없다. 다만 포로기의 예언자들이 이스라엘의 종교적 생활에 대해서 꾸짖고 있는 내용을 보면 야웨에 대한 숭배의식이 매우 약화되어 있었음을 알 수 있다. 이와 같은 야웨주의의 약화가 바알 숭배로 인한 것이라는 성서의 증거는 없다. 오히려 예언자들은 종교적인 원인에 대해서 말하기보다는 문화적인 통합에 대한 경고를 하고 있음을 알 수 있다. 그러므로 바알 종교의 역사적 종말은 페르시아로부터 시작된 제국주의(imperialism)의 태동과 함께 차츰 그 자취를 감춘 것으로 추측해 볼 수 있다.

바알과 야웨는 농경신과 목축신의 대결이었는가?

많은 학자들이 이스라엘의 야웨 종교가 초기부터 유일신이었다는 사실에 대해서 부인하려고 하지만, 야웨가 이스라엘의 유일신이라는 사실에 대해서는 이미 살펴보았다. 이스라엘은 전형적인 목축국가로부터 출발했으며 가나안에 정착한 이후부터는 목축과 농경을 겸한 생활을 하다가 차츰 가나안 사람들이 하던 것처럼 농경문화를 형성하며 살게 되었다. 이에 반해서 가나안 사람들은 일찍부터 정착 사회를 이루어 농사를 지으면서 비교적 안정된 문화를 형성하였다. 유목민 사회의 사회구조나 종교의식은 그 특성상 매우 단순할 수밖에 없으나 정착민들의 사회구조 및 종교의식은 매우 조직적이며 세분화된다는 것이 일반적인 견해이다. 특히 농사를 지으면서 살아가는 사회일수록 자연재해로부터 그들을 지켜주고 농사를 풍성하게 해주는 신관을 가지고 있었음을 알 수 있다. 그래서 가나안 사회가 이스라엘보다 훨씬 이전부터 조직적인 신관을 가지고 있었으며 제의 절차나 신전의 구조 혹은 다른 종교적 의식(rate)들이 훨씬 더 이전부터 발달되어 왔음을 알 수 있다. 가나안은 기원전 15세기 이전부터 존재했던 농경국가로서 그 역사만큼 긴 종교의식 전통을 가지고 있다. 구약성서에 나타나는 제의의 많은 부분들이 가나안의 제의들과 상호 관련성이 있다고 지적한 것은 매우 적절한 것이라고 볼 수 있다. 그러나 야웨와 바알 숭배 사이의 갈등을 과연 농경신과 목축신의 대결로 볼 것인가에 대해서는 매우 조심스럽게 접근해야 한다. 흑백논리적인 대답으로 "예"나 "아니요"를 결정지을 수만은 없다고 본다. 문화적 이질성에서 나온 행위라는 입장에서 본다면 그렇게 볼 수도 있겠지만 야웨 우월주의적인 사고방식을 가지고 기록된 구약성서를 통해서 볼 때는 바알은 마이너리티(Minority)이고 야웨 종교는 메조리티(Majority)로 여겨지고 있다는 인상을 지울 수가 없다. 즉, 구약성서 안에서는 바알을 매우 적대적이면서도 가치가 없는 잡신들 가운데 하나로 취급하고 있다는 것이다. 더군다나 성서 기자들의 입장은 매우 완고한 편이어서 바알을 야웨와 경쟁할 수 있는 위치에 있는 신으로조차 여기고 있지 않았음을 알 수 있다. 비록 바알 숭배가 야웨주의에 상당한 타격을 미친 것은 사실이었지만 바알 숭배의 원인을 바알이라고 하는 신에게 두지 않고 이스라엘 백성들과 야웨와의 관계성 상실이라고 하는 측면에서 그 원인을 찾기 때문에 당시 사람들이 보편적으로 가지고 있었던 바알 종교의 종교적 위대성에 대해서는 침묵하거나 의도적으로 부인하려고 하는 입장을 성서에서 발견할 수 있다. 그러나 문제는 그리 간단한 것이 아니다. 나는 야웨 종교와 바알 종교가 상호 대결하는 구도였다는 주장에는 지나친 논리적 비약이 있다고 본다. 그러나 또 한편으로는 그 주장이 전혀 틀린 것도 아니라고 본다. 예를 들어 이미 앞에서 언급한 「시편」 29편에 나타나는 야웨에 대한 표현을 살펴보자.

"야웨의 소리가 물 위에 있도다 영광의 하나님이 뇌성을 발하시니 야웨는 많은 물 위에 계시도다." (3절)
"야웨의 소리가 백향목을 꺾으심이여 야웨께서 레바논의 백향목을 꺾어 부수시도다." (5절)
"그 나무를 송아지같이 뛰게 하심이여 레바논과 시룐으로 들송아지 같게 뛰게 하시는도다." (6절)
"야웨의 소리가 암사슴으로 낙태케 하시고 삼림을 말갛게 벗기시니……" (9절)
"야웨께서 홍수 때에 좌정하셨음이여 야웨께서 영영토록 왕으로 좌정하시도다." (10절)

이상의 본문에서 우리는 바알의 기능과 유사한 표현이나 적대적인 표현을 만날 수 있다. '뇌성을 발하신다'는 표현이나 '송아지같이 뛰게 하신다'는 표현은 비와 바람을 주관하고 있는 바알의 직능을 표현하고 있는 것으로 보인다. 그러나 본문을 자세하게 읽어보면 야웨는 바알이 주관하고 있다는 물 위에 앉고, 바알 신전을 지을 때 사용했던 백향목을 꺾으시고, 생명을 잉태케 하는 바알에 의해서 새끼를 가진 암사슴을 낙태하게 하고, 거룩한 장소로 여겨지던 삼림을 오히려 말갛게 벗겨내시며, 홍수가 났을 때 야웨는 오히려 홍수 위에 앉아 계신 분으로서 영원히 왕 노릇하실 분이라고 했다. 「시편」 29편이 바알에게 바치는 헌사(獻詞)라는 주장에 대해서는 오히려 야웨가 바알을 능가하는 분이라고 하는 사실을 주장하기 위해서 기록된 것으로 보아야 한다는 반론을 펼 수 있을 것이다. 즉, 바알의 직능을 열거하면서 야웨는 오히려 바알의 직능보다 훨씬 더 위대한 분이심을 강조하려는 경향이 있다. 다시 말해 야위스트들은 바알 숭배에 빠져 있던 당시의 사람들에게 야웨가 바알보다 훨씬 더 위대하신 분이라는 사실을 강조함으로써 바알 숭배의식을 근절하려고 한 것이다. 이것을 대결구도로 보아야 할지는 미지수이다. 야위스트들의 입장에서 볼 때는 대결구도가 아니라 바알 숭배의 허구성을 지적함으로써 야웨께로 돌아오게 하려는 한 방편에 불과한 것이었고, 바알주의자들의 입장에서 본다면 매우 위협적인 대결구도로 볼 수 있을 것이다. 그러나 성서는 워낙 바알에 대해서 부정적으로 취급하고 있으므로 이 점을 염두에 둔다면, 성서 기자는 아마도 바알 숭배의식이 야웨주의를 위협하기는 하지만 그 자체로 야웨를 대적할 만한 신이라고 보지는 않았을 것이다.

어느 길을 갈 것인가

종교학자 엘리아데(M. Eliade)는 "종교는 문화의 산물이다" 고 했다. 이것은 종교가 문화의 범주 안에서 생성되고 발전되어 간다는 것을 의미한다. 그러므로 그 종교를 이해하기 위해서는 문화적 상황을 이해하는 것이 매우 중요한 일이다. 특히 구약성서를 이해할 때는 구약이 다루고 있는 수천 년의 문화적 상황에 대한 이해가 반드시 필요하다고 할 수 있다. 우리가 세계 각 국에 흩어져서 각각 수천 년 동안 발전되어온 종교적 산물을 지금 우리 시대의 시각만으로 평가하고 결론을 내리는 것은 매우 성급한 행동이다. 그래서 각 문화와 종교를 이해하기 위해서는 먼저 선입견(先入見)을 버리고 객관적인 자세에서 관찰하고 대화해야 한다고 본다.

그 동안 바알에 대한 우리의 일반적인 인식은 매우 부정적이었다고 본다. 성서 기자들이 그토록 강하게 비판했던 바알 숭배의식을 단순히 우상 숭배의 차원에서 야웨주의와는 완전히 상반된 것으로 여겨 온 것이 사실이다. 그리고 야웨 신앙과 바알 신앙을 극단적으로 대립하는 현실로 몰아넣고 항상 배타적인 자세로 바알 신앙을 평가해 온 것도 사실이다. 그러나 우리는 이스라엘과 가나안이 같은 지역 안에 살면서 거의 유사한 문화를 형성하고 살았다는 사실을 통해서 문화적 교류가 상당히 많았음을 지적했다. 여기서 말하는 문화적 교류란 결국 종교적 교류를 포함한 것이었고, 그 결과 구약성서에서 표현된 야웨에 대한 기록에 있어서 바알에 대한 묘사와 매우 흡사하거나 거의 동일한 것들을 발견할 수 있었다. 야웨주의자들의 위대성은 바알 숭배로부터 받은 영향을 완전히 배격하지 않고 적절하게 토착화를 시도해서 제의에 편입시킨 것이며, 오히려 바알 숭배자들에게 야웨가 바알을 능가하는 분이심을 강조하기 위해서 역시 바알에게 적용되던 표현들을 인용하고 있다는 것이다. 나는 이것은 토착화를 위한 재해석(reinterpretation for indigenize)이라고 부르고 싶다. 이 방법은 이미 이스라엘 사람들의 삶에 오랫동안 깊이 뿌리내린 문화적 삶의 한 부류로서의 바알 숭배를 야웨 숭배를 위한 길로 방향 전환을 하고 있는 것으로서, 매우 현명한 것이었다고 본다.

한국교회도 오천 년 무속의 역사와 불교·유교의 종교적 전통 위에 세워진 종교이다. 그러므로 우리가 전혀 새로운 종교적 문화를 형성한다는 것은 불가능한 것일 수도 있다. 지금 이 시대의 사람들은 그들이 비록 특정한 종교를 가진 사람들이 아닐지라도 이러한 세 가지의 종교적 토양에 의해서 형성된 삶의 양태를 가지고 있다. 아침에 그릇을 깨면 "재수가 없다"고 하고, 불행한 일을 겪고 나면 "액땜을 했다"고 말한다. 이 말은 어떤 종교를 가지고 있든지 한국사람들이라면 쉽게 하는 말이다. 누가 이러한 말들이 무속에서 사용하는 용어라고 인식하면서 사용하고 있는가? 아무도 없다. 우리는 그 말을 전혀 의식하지 않고 사용한다. 이것이 바로 문화의 힘이다. 오늘날 기독교가 이 문화의 영향과 힘을 무시하고 산다면 더욱더 고립된 공동체로 남을 것이다. 과거 11~12세기 수도원 중심이 한창 기승을 부릴 때, 많은 수도원들이 청빈과 경건을 위해서 운동을 시작하였지만 물질적 풍요와 도덕적 타락으로 말미암아 그 고립된 공동체 운동이 실패로 끝나고 말았다는 것을 기억한다. 예수도 기독교인들에게 "세상 안에 있는 빛이요 소금이 되라"고 했지 산 속에 동떨어져 사는 수도자가 되라고 말한 적은 없다. 다원화된 세상에서 많은 다른 종교인들과 한 문화권 안에서 사는 일이 쉬운 일은 아닐 것이다. 그러나 우리가 서로 문화적인 차이점을 인정해주고 공존하고자 하는 마음이 앞선다면 각 종교 간의 배타적인 모습은 사라질 것이다. 모든 사람이 한 공동체 안에서 서로를 인정해줄 수 있는 그런 사회를 기대해 본다.

참고문헌

고트발트 노만, 김상기 옮김,『히브리성서(하)』, 한국신학연구소, 1992.

김남일,『이야기 중심으로 구약 읽기』, 정금출판사, 2002.

김성,『성서고고학 이야기』, 동방미디어, 2002.

김지찬,『구약개론』, 대한예수교장로회 총회, 1998.

김지찬,『요단강에서 바빌론 물가까지』, 생명의 말씀사, 1998.

다이몬트 맥스 I, 김재신 옮김,『유대민족사』, 크리스챤다이제스트, 1995.

링그렌 헬머, 김성애 옮김,『이스라엘 종교사』, 성바오로출판사, 1993.

문희석,『성서와 고고학』, 보이스사, 1984.

브라이트 존, 박문재 옮김,『이스라엘의 역사』, 크리스챤다이제스트, 1981.

아이히로트 한스 W, 박문재 옮김,『구약성서신학I, II』, 크리스챤다이제스트, 1995.

엄원식,『히브리성서와 고대근동문학의 비교』, 한들출판사, 2000.

장일선,『구약세계의 문학』, 대한기독교출판사, 1994.

장일선,『구약신학의 주제』, 대한기독교출판사, 1982.

정중호,『이스라엘의 역사』, 대한기독교서회, 1994.

침멀리 발터, 김정준 옮김,『구약신학』, 한국신학연구소, 1991.

카이저 오토, 이경숙 옮김,『구약성서개론』, 분도출판사, 1995.

쿠건 M. D., 유선명 옮김,『우가릿 신화의 세계』, 은성출판사, 1992.

프레이저 J. G, 이양구 옮김,『구약시대의 인류민속학』, 강천출판사, 1996.

허트 A. J, 강대흥 옮김,『고고학과 구약성경』, 미스바, 2003.

헤이스 존 H, 박문재 옮김, 『구약학 입문』, 크리스찬다이제스트, 1995.

Freedmann D. N, *The Anchor Bible Dictionary*, New York : Doubleday, 1992.

James Hasting, T*he Encyclopedia of Religion and Ethics*, New York : Edinburgh, 1959.

Miracea Eliade, *The Encyclopedia of Religion*, New York : Mcmillan Publishing, 1957.

Pritchard James B, *Ancient Near Eastern Texts*, New Jersey : Princeton University Press, 1969.

야웨와 바알

펴낸날	초판 1쇄 2003년 10월 30일
	초판 5쇄 2015년 7월 10일

지은이	**김남일**
펴낸이	**심만수**
펴낸곳	**(주)살림출판사**
출판등록	**1989년 11월 1일 제9-210호**

주소	**경기도 파주시 광인사길 30**
전화	**031-955-1350** 팩스 **031-624-1356**
기획 · 편집	**031-955-1365**
홈페이지	http://www.sallimbooks.com
이메일	book@sallimbooks.com

ISBN	978-89-522-0150-8 04080

384 삼위일체론　　　eBook

유해무(고려신학대학교 교수)

기독교에서 믿는 하나님은 어떤 존재일까? 성부 하나님과 성자 예
수, 그리고 성령이 계시며, 이분들이 한 하나님임을 이야기하는 삼
위일체론은 기독교 교회가 믿고 고백하는 핵심 교리다. 신구약 성
경에 이 교리가 어떻게 나타나 있으며, 초기 기독교 교회의 예배와
의식에서 어떻게 구현되었고, 2천 년 동안의 교회 역사를 통해 어떤
도전과 변화를 겪으며 정식화되었는지를 일목요연하게 정리했다.

315 달마와 그 제자들　　　eBook

우봉규(소설가)

동아시아 불교의 특징은 선(禪)이다. 그리고 선 전통의 터를 닦은
이가 달마와 그에서 이어지는 여섯 조사들이다. 이 책은 달마, 혜
가, 승찬, 도신, 홍인, 혜능으로 이어지는 선승들의 이야기를 통해
선불교의 기본사상을 이해하도록 돕는다.

041 한국교회의 역사　　　eBook

서정민(연세대 신학과 교수)

국내 전체인구의 25%를 점하고 있는 기독교. 하지만 우리는 한
국 기독교의 역사에 대해서 너무나 무지하다. 이 책은 한국에 기
독교가 처음 소개되던 당시의 수용과 갈등의 역사, 일제의 점령과
3 · 1운동 그리고 6 · 25 전쟁 등 굵직굵직한 한국사에서의 기독
교의 역할과 저항, 한국 기독교가 분열되고 성장해 왔던 과정 등을
소개한다.

067 현대 신학 이야기　　　eBook

박만(부산장신대 신학과 교수)

이 책은 현대 신학의 대표적인 학자들과 최근의 신학계의 흐름을
해설한다. 20세기 전반기의 대표적인 신학자인 칼 바르트와 폴 틸
리히, 디트리히 본회퍼, 그리고 현대 신학의 중요한 흐름인 해방신
학과 과정신학 및 생태계 신학 등이 지닌 의미와 한계가 무엇인지
를 친절하게 소개하고 있다.

099 아브라함의 종교 유대교기독교이슬람교

공일주(요르단대 현대언어과 교수)

이 책은 유대교, 이슬람교, 기독교가 아브라함이라는 동일한 뿌리에서 갈라져 나왔다는 점에 주목한다. 저자는 이를 추적함으로써 각각의 종교를 그리고 그 종교에서 나온 정치적, 역사적 흐름을 설명한다. 이스라엘과 팔레스타인으로 대변되는 다툼의 중심에는 신이 아브라함에게 그 땅을 주겠다는 약속이 있음을 명쾌하게 밝히고 있다.

221 종교개혁 이야기

이성덕(배재대 복지신학과 교수)

종교개혁은 단지 교회사적인 사건이 아닌, 유럽의 종교 · 사회 · 정치적 지형도를 바꾸어 놓은 사건이다. 이 책은 16세기 극렬한 투쟁 속에서 생겨난 개신교와 로마 카톨릭 간의 분열을 그 당시 치열한 삶을 살았던 개혁가들의 투쟁을 통해 보여 주고 있다. 마르틴 루터, 츠빙글리, 칼빈으로 이어지는 종파적 대립과 종교전쟁의 역사들이 한 편의 소설처럼 펼쳐진다.

263 기독교의 교파

남병두(침례신학대학교 교수)

하나의 교회가 역사적으로 어떻게 다양한 교파로 발전해왔는지를 한눈에 보여주는 책. 교회의 시작과 이단의 출현, 신앙 논쟁과 이를 둘러싼 갈등 등이 파노라마처럼 펼쳐진다. 사도행전에 나타난 교회의 시작과 이단의 출현에서부터 초기 교회의 분열, 로마가톨릭과 동방정교회의 분열, 16세기 종교개혁을 지나 18세기의 감리교와 성결운동까지 두루 살펴본다.

386 금강경

곽철환(동국대 인도철학과 졸업)

『금강경』은 대한불교조계종이 근본 경전으로 삼는 소의경전(所依經典)이다. 『금강경』의 핵심은 지혜의 완성이다. 즉 마음에 각인된 고착 관념이 허물어져 어디에도 집착하지 않는 상태를 말한다. 이 책은 구마라집의 『금강반야바라밀경』을 저본으로 삼아 해설했으며, 기존 번역의 문제점까지 일일이 지적해 독자들의 이해를 돕고자 했다.

013 인도신화의 계보 eBook

류경희(서울대 강사)

살아 있는 신화의 보고인 인도 신들의 계보와 특성, 신화 속에 담긴 사상과 가치관, 인도인의 세계관을 쉽게 설명한 책. 우주와 인간의 관계에 대한 일원론적 이해, 우주와 인간 삶의 순환적 시간관, 사회와 우주의 유기적 질서체계를 유지하려는 경향과 생태주의적 삶의 태도 등이 소개된다.

309 인도 불교사 붓다에서 암베드카르까지 eBook

김미숙(동국대 강사)

가우타마 붓다와 그로부터 시작된 인도 불교의 역사를 흥미롭고도 일목요연하게 정리한 책. 붓다가 출가해서, 그를 따르는 무리들이 생겨나고, 붓다가 생애를 마친 후 그 말씀을 보존하기 위해 경전을 만드는 등의 이야기들이 한눈에 들어온다. 또한 최근 인도에서 다시 불고 있는 불교의 바람에 대해 소개한다.

281 예수가 상상한 그리스도

김호경(서울장신대학교 교수)

예수가 그리스도라는 것은 어떤 의미인가? 이 책은 신앙적 고백과 백과사전적 지식 사이에서 현재 예수 그리스도가 가진 의미를 묻고 있다. 저자는 이러한 문제의식을 바탕으로 예수가 보여준 질서와 가치가 우리와 얼마나 다른지, 그를 따르는 것이 왜 우리에게 익숙하지 않은 일인지를 보여주고 있다.

346 왜 그 음식은 먹지 않을까 eBook

정한진(창원전문대 식품조리과 교수)

세계에는 수많은 금기음식들이 있다. 유대인과 이슬람교도들은 돼지고기를 먹지 않고, 힌두교도의 대부분은 소고기를 먹지 않는다. 개고기 식용에 관해서도 말들이 많다. 그들은 왜 그 음식들을 먹지 않는 것일까? 음식 금기 현상에 접근하는 다양한 방식을 통해 그 유래와 문화적 배경을 살펴보자.

eBook 표시가 되어있는 도서는 전자책으로 구매가 가능합니다.

㈜살림출판사

www.sallimbooks.com

주소 경기도 파주시 문발동 522-1 | 전화 031-955-1350 | 팩스 031-955-1355